おはなしおばさんの

おはなし

春夏秋冬

語り●藤田浩子

イラスト●保坂あけみ

目次

おはなしおばさんの
おはなし春夏秋冬

秋のおはなし

冬のおはなし

おはなしおばさんになるまで

幼児教育に携わりながら、おはなしを語り続けて60年。全国で大人気の〝おはなしおばさん〟こと藤田浩子さんの、おはなしとの出会いや語りに対する思いを伺いました。

少女時代

畑のおじさんに聞いた400のおはなし

戦中から戦後のこと。

小学校1年生の終わりごろ、福島県三春町に疎開した私は、〝畑のおじさん〟に毎日毎日おはなしを聞かせてもらっていました。

畑のおじさんとは、私の家の家主さんの畑を耕していた小作のおじさんのこと。この畑からいちばん近いのが私の家だったので、一服する時間になると、おじさんはうちまでタバコの火種をもらいに来るんです。すると、私はおじさんのところへ行き、「何かおはなしをして」といっては、おはなしを聞かせてもらっていました。

おじさんはヘビが来ればヘビのはなし、スズメが来ればスズメのはなしをしてくれて、そのひとときは本当に楽しいものでした。

そのころ、私が住んでいた三春町では女学校が焼けてしまい、そこの女学生たちが私の通っていた小学校の校舎を使って勉強をしていました。その関係で私たち低学年の授業は、午前か午後の半日だけ。畑のおじさんが一服するのは午前10時ごろと午後3時ごろでしたから、毎日どちらかの時間には、必ずおじさんのところへ行けたのね。

小学校1年生の終わりごろから5年生のはじめくらいまでの間に、おじさんから聞いたおはなしは400ぐらい。その400話をだいたい全部覚えています。

大人になってから

遠藤登志子さんとの出会い

中学のとき、東京に戻ったのですが結婚して東京から福島に引っ越し、10年くらいたったころ。遠藤登志子さん※とは本当に偶然、知り合いましてね。あるきっかけから遠藤さんの語りを聞かせてもらうようになり、400話くらい聞きました。そのおはなしは畑のおじさんから聞いたものとほとんど重なっていて、子どものころによくわからなかったところが、そういうおはなしだったのかとつながりました。遠藤さんは主に明治元（1868）年生まれのご自分のおばあさんから、おはなしを聞いたそうです。

幼稚園教諭として

はじめての語り

幼稚園教諭をしていた私は、天気がよければ外で遊び、雨が降っていたら子どもたちにおはなしをするしかない先生でした。それが、子どもたちへの語りの始まり。

そして、幼い子どもたちにどうおはなしを楽しませようかと考えたとき、昔から伝えられてきた小道具を、こんなふうに使ったらどうだろう、とおはなしにふさわしいものに工夫してきました。アレンジをしたのは私ですけれど、小道具を作るときの折り方も切り方もみんな昔から伝えられてきたものばかりです。

さかのぼれば畑のおじさんに聞いたおはなしは、赤ん坊だった妹にすぐ語っていました。すぐに語ることで、復習していたんでしょうね。

自作紙芝居

すくすく育って、もう80年

講演会やおはなし会の始まりに、私は畑のおじさんにおはなしを語ってもらったときのことを、自作紙芝居にして自己紹介しています。あのころ、おじさんにおはなしを聞かせてもらった女の子も、青い空の下ですくすく育って、もう80歳を超えました。

私が子どもたちに語っているのは、おはなしを伝えたいというより、伝えなければいけないと感じているからです。畑のおじさんや遠藤さんからもらったものを、そのまま私が墓場に持っていってはいけない……。

あのときの女の子は、今、胸の内にちょっとした使命感のようなものを感じながら、全国を語り歩いています。

※1929年福島県福島市生まれの語り部。レパートリーは600話を超えていたと伝えられる。『遠藤登志子の語り―福島の民話』（一声社）

おはなしを語る神髄とは？

60年ほど、子どもたちにおはなしを届けてきた藤田さんにとって、おはなしを語るということとは？そこには母のように深い、子どもたちへの愛がいっぱい。

肉声で人から人へ、言葉を届けたい

少女だった私が、畑のおじさんのおはなしを一度聞いただけで覚えられたのは、おじさんの語りにひきつけられたことと、私自身もそのひとときが本当に楽しかったからでしょう。

言葉というのは、楽しい雰囲気の中で届ければ、子どもの心に残るものだと私は思っています。ですから、語りをする若い人たちにも「あ～、楽しかったと思って子どもが帰ってくれるようなおはなしの仕方をすれば、たぶん伝わるわよ」と言っています。おはなしの筋を伝えるのも大事だけれど、それ以上に「あ～、楽しかった！」と言って帰ってもらえることを大切にしたい、それが私のいちばんの気持ちです。そのために心がけているのは、子どもたちの顔を見ながら、できるだけ肉声で言葉を届けることです。

目に見えないものの場所をつくりたい

私が子どもたちにおはなしを聞いてもらいたいと願っているのは、目に見えないものや不思議なものを信じる気持ちがある間に、おはなしを届けたいから。大人になってしまうとなかなか素直に信じられないことも、現実とおはなしの不思議な世界をないまぜにしながら、そのまま信じていられるのが子ども時代なんですね。

その年代は幼稚園年長の5、6歳ぐらいから、小学校中学年の10歳ぐらいまでだろうと思っているのですけど、私はちょうどそのころに畑のおじさんと出会いました。今思い返しても、とてもいい出会いだったと思います。

おはなしはそれを聞いた子どもの心に、見えないものを受け入れる場所をつくるものだと思っています。その見えないものを受け入れる場所は、おはなしの世界が出ていってしまったあとでも、やっぱり見えないものを受け入れるんですね。

たとえば、愛情ややさしさ、悲しさ、うれしさ。そういったものは目に見えません。けれ

ども、生きていくうえで、そして、人生において、とても大切なこと。目に見えるお金などより、ずっとずっと大事なものばかりです。

その見えないものを受け入れる場所を、子どものときにつくっておきたい。私の中にはそんな気持ちが強くあります。

子どもたちの生きる支えになってくれたら

おはなしの中でも特に昔ばなしには、人が生きていくうえでの知恵がたくさん詰まっています。

おはなしそのものは古くなっているかもしれませんが、そのなかでいわれていることには、いつの時代でも「ああ、そうだ」と思うことがあるもの。子どものころにわからなくても、大人になってから、あのおはなしにはこんな意味があったのかと、気づくこともたくさんあります。だからこそ昔ばなしは時代を超えて、語りつがれてきたのでしょう。

人との関わり方や、自分の思いを相手に伝える方法など、日本の昔ばなしだけでなく、外国の昔ばなしにも、そういった知恵がいっぱい詰まっています。

「あ～、楽しかった！」と聞いてくれたおはなしが、どこかでその子が生きていくための支えになったり、生きていく方向を示したり、役に立ってくれたら、どんなにうれしいことか。

だから私は特に昔ばなしを伝えていきたい、と思っています。

昔ばなしの素晴らしさは現実の世界とのけじめをつけて想像すること

現実と不思議な世界がないまぜになる年代の今の子どもたちは、ゲームで現実とバーチャルの世界をないまぜにしているといわれています。ゲームはその中の世界と現実の世界の区別がつきにくいように思います。

昔ばなしはきちんとしたけじめがあります。地方によって言い方はいろいろですが「むか～し、まずあったと」などのはじめの言葉があり、「おしまい」「とっぴんぱらりのぷー」などの終わりの言葉があります。ここから先はおはなしの世界だよ、さあ現実に戻ったよ、という言葉です。現実の世界とのけじめがしっかりしているんですね。

現実と不思議な世界がないまぜになるとはいえ、昔ばなしは、ここから先は現実のおはなしではないよ、でも信じてごらんという話し方、けじめをつけながら想像の世界にひたるということでしょうね。

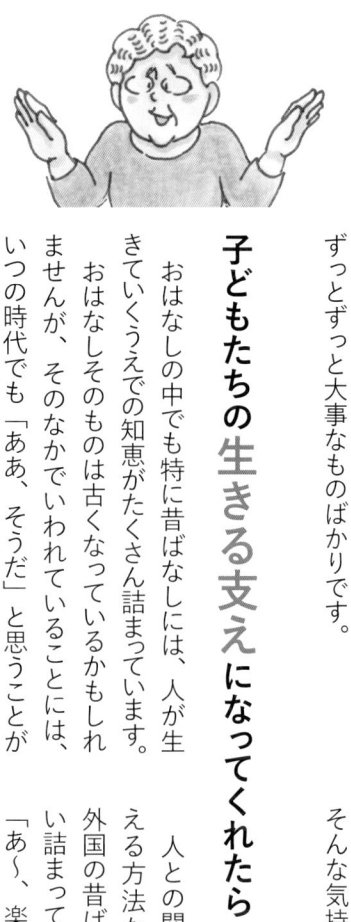

おはなしおばさんの語りの世界

視線の先にあるのは、いつも子どもたちのこと。
おはなしおばさんからみなさんへのメッセージを伝えます。

大勢の場合は子どもの様子を見ながら。母から子への語りはその子が幸せな気持ちになれるおはなしを

子どもにおはなしを語るとき、私は自分のエネルギーの50％で語るようにしています。あとの半分は何に使うかというと、子どもの様子を見るために使うんです。一方的に語るのではなく、聞き手がつまらなそうにしているなと思ったら、おはなしを少しはしょって、次へ。ここはおもしろそうにしているなと思ったら、何回でも繰り返します。だから私のおはなしは伸縮自在のものがとても多いのね。

私におはなしを聞かせてくれた畑のおじさんも、私だけがそこにいるときは長いおはなしをしてくれましたけど、私が子守を命じられて7歳下の幼い妹を連れているときには、幼い子向けのおはなしをしてくれました。『一寸法師』だって私に語る語り方と、赤ん坊に語る語り方はまったく違う。『桃太郎』もまったく違います。

たとえば、妹がお椀の舟に乗って、ゆーらりゆーらりするのが好きなら、おじさんは赤ん坊の妹をひざにのせて揺らしながらこう言います。「お椀の舟に乗ってなぁ。ゆーらりゆーらりゆらりんこ。川をくだって行ったとさ。ゆーらりゆーらりゆらりんこ」と、ここばっかり。『桃太郎』でもきびだんごを作るところが好きなら、「きびだんご　きびだんご　日本一のきびだんご　もひとつつくったきびだんご」と、おだんごを作るまねばかり、「それでな、みなして鬼退治に行ったと。はい、おしまい」で終わり。鬼退治が好きな子がいればそこを

語りますけど、妹にはあまりおもしろくないから、おだんごをたくさん作るわけです。

おはなしをはしょったり、どうやって小さい子向けにするかは、畑のおじさんに教わったような気がします。目の前の子どもがおはなしに飽きているなら、鬼退治のところまで語らなくてもいいというのが、私の考え。

ただ、それは余裕があるからこそできるのかもしれません。昨日、徹夜で覚えたおはなしを大勢の前で語るなんてことがあったら、いっぱい50％のエネルギーで語るどころか、いっぱいいっぱいになってしまいます。そうならないためにも、やはりしっかり練習しておいたほうがいいでしょうね。

でも、お母さんやお父さんが自分の子どもに語るときは、途中でつかえようが、でたらめだろうが、自分の作り話だろうが、なんでもいいのです。特におすすめしたいのは、両親が出会ったころのおはなしや、その子が生まれたときのおはなし、赤ちゃんだったころのおはなしです。4歳ぐらいになったら、お母さんやお父さんが子どもだったころのおはなしをしてあげるのも大事でしょう。

生まれたときのおはなしというと、精子と卵子の話でもしないといけないのかと思ってしまう人がいますけど、そうではないの。最初は望んだ妊娠でなかったとしても、そこは嘘っこのおはなしでいいんです。

子どもは自分を主人公にしたおはなしを聞きたいわけだから、「お父さんとお母さんが太郎ちゃんを欲しいなと思ったら、太郎ちゃんがこの家に生まれてきてくれたのよ」とファンタジックに話してくださるといいですね。

お母さんから子どもへの語りは、その子が幸せな気持ちになれるハッピーエンドのおはなしがいい。それも〝語り〟だといいと、私はおはなしおばさんとして思っています。

『みみずとへび』

　むがぁしなぁ
むかしとゆっても　むかしのむかしの
そのまたむかし
神様が　まぁだ人間だの動物だの
こしゃったばぁりの頃の話なんだけんどなぁ
むかし　へびは
目を持っていねがったんだと。
その代わり　たいそう美しい声を持っていてなぁ
ほぉで　あの二枚《にめぇ》の赤ぁい舌を
ペロペロ～　ペロペロ～と
こう出しながら
♫あぁ～あああぁ～　あぁああぁ～あ
　あぁ～ああ～あ～あ　ああああ～あ～♫
と　唄いながら　まぁ
こうして野原　歩っていたんだと。
とてもいい声でな　あの赤い舌
ペロペロ～　ペロペロ～としながら
♫あああぁ～あああ　あああ～♫
と　こう唄いながら　歩っていたんだけんどな
ほんでも　ほれ
ピカピカ光るお日様は見えねえし

花は見えねえし　草も見えねえし
「あぁ　おれ　目があったらなぁ
　お日様も見られるし
　花も見られるのになぁ
　目ん玉ほしいなぁ　目ん玉ほしいなぁ」
と　言いながら
唄ぁ唄いながら歩ってたそうな。
　みみずは　こおだずねぇ（大きな）目ぇ
持っていたんだと。
したが　土ん中は真っ暗で
目なんぞあったって　たいして役には立たねぇ
「こぉだ目は　いらねえから
　おらぁ声がほしいなぁ　美しい声がほしいなぁ」
と　思いながら　真っ暗な土ん中
こう　歩っていたんだと。
　したが　そのみみずとへびが
ある日　ばったり出会って
「いやぁ　おらぁ
　声はいらねぇから　目ん玉ほしい」
「おらぁ　目はいらねぇから　声がほしい」
「したればまぁ　これ

取っ替《け》っこするべでねぇか」
と　ほぉゆうことになってなぁ
取っ替《け》っこしたんだと。
　それからというもの
まぁ　へびは
こぉだまんまるい目ん玉もらったから
お日様も見える　花も見える
「いや　世の中っちゃ
　こだに美しいもんであったか
　いや　嬉しいなぁ　嬉しいなぁ」
と　言いながら
こう　歩っているんだけんど
ほれ　唄っていた頃のな
癖が抜けないもんだから
声は出ねぇんだけど
舌だけは
ヘロヘロヘロ～　ヘロヘロヘロ～と
こうやりながら歩ってんだと。
みみずは
目ん玉の代わりに美しい声もらって
嬉しくて嬉しくてしょうがねぇ
土ん中でなぁ　唄ぁ唄いながら
こうやって歩ってるんだそうだけんど
なにしろ土ん中のことであるから
おらたちには　なかなか聞こえねぇ
したが　春の暖かぁい日なぁ
じぃーっと耳澄まして聞いてみろ
みみずの声が
キュキュキュって聞こえることあるんだと。
―おしまい―

『みみずとへび』
こんなふうに
語っています

　私はこのおはなしを語るのに、へびが歌うときには、右手を腕まで使ってへびに見立て、にょろにょろとはい回るしぐさをしながら「あぁ～ああああ～」とオペラ歌手のように歌います。というのも私に語ってくれた畑のおじさんがそんなふうに歌ってくれたからです。日本のへびらしからぬ気はするのですが、なにしろ本物のへびの歌を聞いたこともないし、昔聞いたその歌声が、野良着姿のおじさんと不釣り合いで、その不釣り合いさがとても楽しかったものですから、私もそう歌うことにしているのです。昔ばなしの中に突然オペラ調の歌が出てくるので、聞き手もびっくりするのですが、その違和感を楽しんでもらえたらと思います。

　みみずは左手の指１本で表現します。最後の「春の暖かぁい日なぁ じいーっと耳澄まして聞いてみろ」と言ったあと、しばらく間を置くと、へびの歌のときには大笑いしていた子どもたちも、しーんとしてみみずの声を聞こうとしているかのようです。

　近ごろの子どものなかには、へびを見たことのない子もいます。なかにはみみずをへびと思い込んでいる子もいます。ですから語る前にへびとみみずの説明をしておくといいかもしれません。

おはなしおばさんの終わらない話

私も子どものころ『みみずとへび』のおはなしを聞いてすぐ、地面に耳をあててみました。ミミズの声はなかなか聞こえなかったのですが、語ってくれた畑のおじさんも一緒に耳を地面にあてて「な、聞こえたべ?」と言われたら、ささやくような「キュキュ」という声が聞こえてきたのです。本当です。

私がこのおはなしをあちこちの幼稚園で語ると、必ずひとりかふたり地面に耳をあてる子がいるそうです。でも子どもだけで聞くと聞こえないという子が多いのに、先生も一緒に地面に耳をあてて聞くと、先生が「聞こえたね」と言わなくても、みんな「聞こえた!」と言うのだそうです。この違いはなんでしょう。子どもたちは半信半疑で耳をあてるのでしょうが、先生も一緒にしてくれるとなれば疑う余地がなくなるのかもしれません。それまた楽しいことを先生も一緒にしてくれる、それだけで聞こえてくるのかもしれません。なかには実際には聞こえなかったけれど、先生と一緒にやったことがうれしくて、聞こえても聞こえなくても聞こえたと言ってしまう子がいるかもしれませんが、私の経験から言えば、好きな大人と一緒に聞くと、本当に聞こえてくるのです。好きな大人に共感してもらうと、「こうなるといいな」と思っていることが「こうなってしまう」のです。

「遊んできなさい」と言って子どもだけで遊ばせるとすぐ飽きてしまう子も、大人が一緒だととても楽しそうに遊びます。そのうち子どもだけで遊べるようになるとしても、はじめは大人が一緒に遊んでくれると喜びます。幼稚園や保育園の先生になろうとしている学生さんたちを見ていると、実際に遊びを知らない人がたくさんいます。現場では実際に遊べる先生を必要としているでしょう。理論も大事ですけれど、小学校も含めて「遊べる先生」がもっと増えるといいなと思っています。

作ってみよう

くいつきヘビ

畑のおじさんが、ヘビの昔ばなしを語ってくれたあと、長い葉（ススキやササなど）で作ってくれたのが、このくいつきヘビです。

目と舌をつけると、よりヘビらしくなります。

指を入れるとヒモがしまって、抜けません。

材料	6~7㎜幅の紙ヒモ 110㎝×4本 輪ゴム2個　丸棒	山折り 谷折り

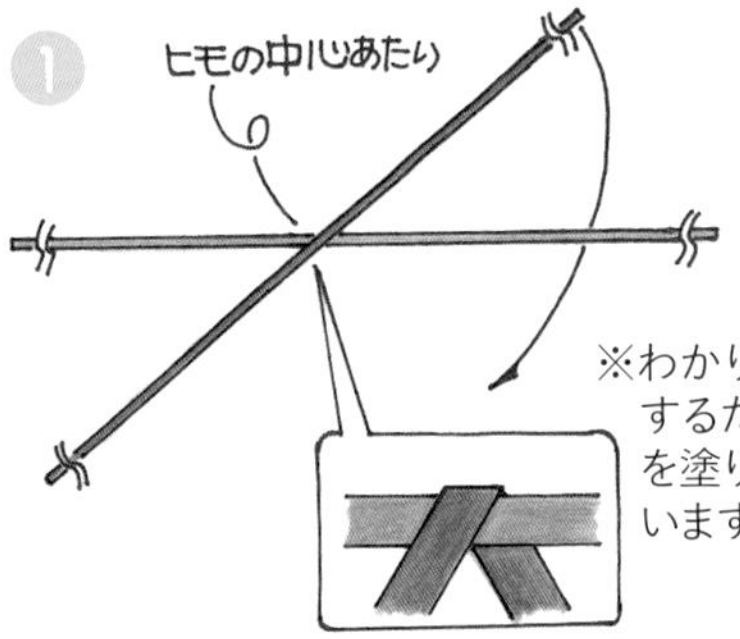
※わかりやすくするためヒモを塗り分けています

① 2本のヒモを図のように交差させ上の赤ヒモを山折り

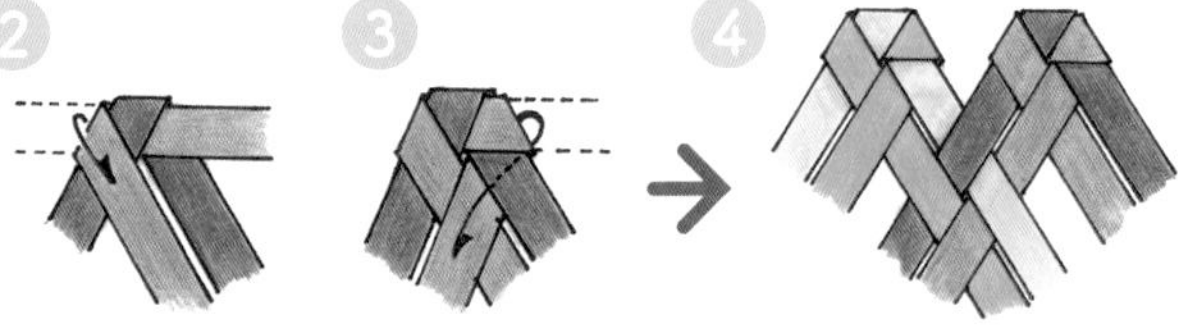

② 青ヒモを谷折り

③ 青ヒモを山折り

④ 同じように折ったものをもう1組作り図のように2組を合わせる

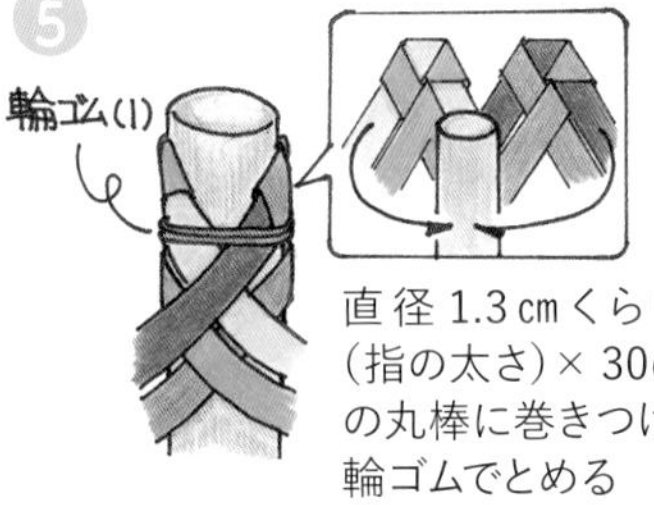

⑤ 直径 1.3㎝くらい（指の太さ）× 30㎝の丸棒に巻きつけ、輪ゴムでとめる

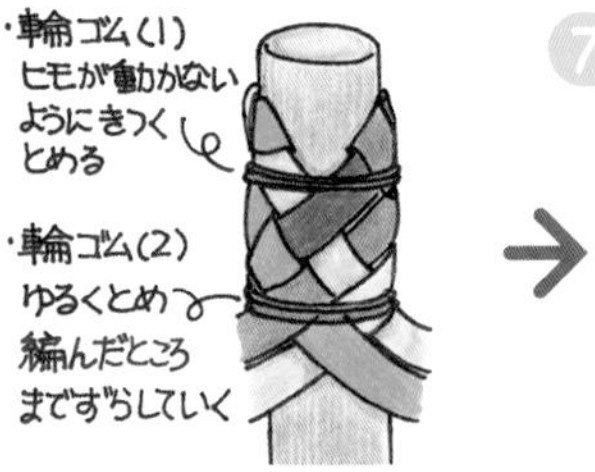

⑥ 図のように1本のヒモが他のヒモの下を通ったら上へ通し、また下へと交互に 2、3回編んだら棒を右に回し、別のヒモも同様にして編んでいく。1回編んだら輪ゴム(2)で編んだところまでとめる

⑦ 輪ゴムでとめたら、棒を逆さにし、編んでいるヒモをいったん上にずらし、棒をひざにはさんで、今度は左に回しながら上方向に 15 ～ 17㎝くらいの長さになるまで編んでいく

※しっぽをねじる作業をする前にゆるめのヒモを引っぱって形を整える。ただしきっちり編みすぎると食いつきが悪いので心持ちゆるめに編む

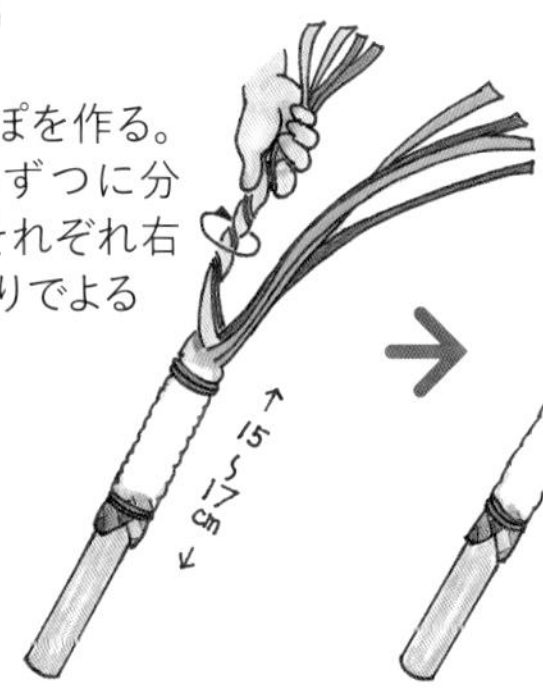

⑧ しっぽを作る。4本ずつに分け、それぞれ右ねじりでよる

⑨ ねじった2本の束を左ねじりでよる

⑩ 8本の中の1本でしばり、輪ゴムと棒をはずしてできあがり

ゆるめに編んであるので、引っぱれば細くなるし押せばゆるむというだけのことなのですが、抜こうと思えばまず引っぱりたくなるのが人間の心理です。アメリカで、やりたがった3年生の男の子が、初めは笑っていたのに、だんだん真剣になって、とうとう泣きだしてしまったことがありました。もちろん私がすぐはずしてあげましたよ。

『飛脚とうわばみ』

むがぁし　まずあったと。
昔はなぁ　今みたいに
郵便局なんつうのが無《ね》かったからなぁ
手紙を出したいと思うと
飛脚っていう人に
頼まねっかなんねかったんだと。
ある時　東の国の殿様が　西の国の殿様に
手紙届けたくなったんだと。
ほぉで飛脚を呼ばってなぁ
「これ　この手紙を急いで
　西の国の殿様んとこさ届けてまいれ」
と　こうゆったっけが　まぁ
その飛脚はたいそう真面目な飛脚でなぁ
手紙を箱に入れると
それを背中に担いで　ほぉで　まぁ
　すたこらさっさ　すたこらさっさ
走っていったんだと。
右も見ねぇ　左も見ねぇ　上も見ねぇ
ひたすら我が走る道だぁけ見ながら
　すたこらさっさ　すたこらさっさ
すたこらさっさ　すたこらさっさ
と　走っていった。
さて　その途中の山に
ずねぇー（大きい）蛇《へび》　いたんだと。
ずねぇー蛇のこと　うわばみってゆってな。
そのうわばみが
　何か餌はねぇかなぁ　と
こう鎌首持《もっ》ち上《や》げて
あっちゃこっちゃ眺めていたっけが
向こうの方から飛脚　走ってくるのが見えた。
あぁしめしめ　俺の方から行かなくても
餌が向こうから走ってくるわ
ほんじは　ここで
　ずねぇー口開けて待ってれば
　餌が入《へえ》ってくるはずだから
となって　そのうわばみ
ずねぇー口開けて　待っていたんだと。
飛脚はほれ　右も見ねぇ
左も見ねぇ　上も見ねぇ
ひたすら我が走る道だぁけ見ながら
　すたこらさっさ　すたこらさっさ
すたこらさっさ　すたこらさっさ

と　うわばみの口の中とも知らねぇで
　すたこらさっさ　すたこらさっさ
と入ってきた。
そこでうわばみは　パクッ。
したれば　その飛脚
あぁ　なんだべ　急にまぁ暗くなってきて
道もまずは走りにくい道だこと
これぁ雨でも降ってきたではなんねぇから

まぁ急いで行くべ　と
　すたこらさっさ　すたこらさっさ
と　長《なげ》ぇーそのうわばみの　腹ん中なぁ
　すたこらさっさ　すたこらさっさ
と　走って走って走って走って
うわばみのけつの穴から
　すたこらさっさ　すたこらさっさ
と　出ていってしまったんだと。
たまげたのは　ほれ　うわばみだわ
せっかく食ったのが
また出ていっちまったもんだから
ほんじは　となって　先回りして
また　道の真ん中で　こう
ずねぇー口開けて待っていた。
　すたこらさっさ　すたこらさっさ
と　また　飛脚は走ってきて
うわばみの口の中とも知らねぇで
　すたこらさっさ　すたこらさっさ
で　また　パクリ
あらら　また急に暗くなってきた
これぁ　雨でも
降ってきてはなんねぇから
ほら急いで行くべぇ
すたこらさっさ　すたこらさっさ
それにしても　まず走りにくい道だなあ
すたこらさっさ　すたこらさっさ

と　走りに走って
走って走って走って
そのうわばみの腹ん中駆け抜けてなぁ
けつの穴から　また出ていってしまったと。
ほぉで　慌てたうわばみは　また先回りして
ずねぇー口開けて待っていた。
すたこらさっさ　すたこらさっさ
すたこらさっさ　すたこらさっさ
と　また
うわばみの口の中とも知らねぇで
すたこらさっさ　の　パクリ
また
すたこらさっさ　すたこらさっさ
と　けつの穴から出ていった。
ほぉで　うわばみがゆったそうな。
こいつは　まず
褌《ふんどし》を締めて
かからねばなんねぇわい
—おしまい—

『飛脚とうわばみ』
こんなふうに語っています

　このおはなしは単純なのですが、自動車も電車も走っている今の時代に、ただただ走って手紙を届けるということが理解できない子もいるだろうと思います。ですから幼い子どもには、昔は電車も自動車もなかったということ、車なら1時間で行けるところでも、走っていくと1日かかるということから話します。

「途中の山にずねぇー蛇いたんだと」というあたりから、私は右手をうわばみに、左手の人さし指を飛脚に見立てて語ります。右手の指で作ったうわばみの口を大きく開けて、近づいてきた左手の人さし指をぱくっと呑み込み、「暗くなってきた」「走りにくい道だ」と語りながら、左手の人さし指を右手の腕に沿って移動させ、ひじのあたりから抜けていきます。飛脚に逃げられたうわばみ（右腕）は、一度後ろに下がってまた大きな口を開けて飛脚をぱくり。

　これを3度繰り返して「褌を締めてかからねば……」になるのですが、この褌の言葉がまた難しい。最後にあまりごちゃごちゃ説明をしたくないので、幼い子には「褌って、昔のパンツのこと」とだけ言って終わることもあるし、わかってくれそうなら「褌を締めるということは、気持ちを引き締めるという意味にもなります」と説明することもあります。

おはなしおばさんの終わらない話

私の住んでいた町は養蚕の町でしたから、蚕を食べに来るネズミ、そのネズミを食べるヘビは人間に大切にされました。ですからヘビはたくさんいましたし、ヘビの話もたくさんありました。

そもそもヘビは神さまで、家魂《やだま》さまと言われ、家に住みつくヘビもいたそうです。でも、なんと言われようと私はヘビが嫌いでした。嫌いというより怖かったのです。子どものころ住んでいた家は山の中腹にありましたから、そこらじゅうにヘビがいて、学校に行く山道にもたくさんいました。道にヘビがいれば私はそこから動けません。ヘビがヤブの中に入っていくまで待っていましたから当然遅刻。でもヘビをまたいで進むことに比べれば、先生に叱られることぐらいなんのそのです。あるときやっぱり道のまん中にヘビがいて、そのヘビが動きそうもなく、一旦戻って遠回りをして行こうかと後ろを向いたとたん「ヘビが怖いのかい？」と声がして、そこに高校生ぐらいのお兄ちゃんが立っていたのです。色白でアカ抜けたお兄ちゃんがアカ抜けた言葉で「僕が一緒に行ってあげよう」と言って私の手を引いてくれました。その手の冷たかったこと！ 見れば先ほどまでいたヘビがいません。お兄ちゃんは学校の見えるところまで手をつないだまま一緒に歩いてくれて、そこから「じゃ、失敬」と言って戻っていきました。私はありがとうも言えずに学校に走っていきましたが、あのお兄ちゃんは間違いなくヘビの化身だと思いました。私はヘビをいじめたことが一度もありませんから、ヘビの神さまがお兄ちゃんに姿を変え、助けに来てくれたと思ったのです。

今でもそう思っています。というか、子どものころあんなに純粋にヘビの化身だと思い込んだ自分がいとおしくて、そう思うことにしているのかもしれません。子どもには「不思議」が必要です。「知らない人についていってはいけません」という時代でなかったからこそ、あんな不思議な体験ができたと、そのことをとてもうれしく思っています。

『人参と大根と牛蒡』

むがぁし　まずあったと。
むかし　人参さんと大根さんと　牛蒡さんが
風呂さ　行ったんだと。
❶牛蒡さんが　湯ぅさ手ぇ入《い》っちみて
「あっちちち！
　こだぁ熱い湯さ　とてもへえらんに
湯ぅがさめるまで　いまひと仕事　してくるべ」
つってな　また田んぼさ戻って
泥仕事はじゃった（始めた）んだけんど
そのうちに　はぁ　風呂にへえることなんぞ
忘れてしまったんだと
❶大根さんも　湯ぅさ手ぇ入っちみた。
「あっちちち！
　こだぁ熱い湯さ　とてもへえらんに
湯ぅがさめるまで　体洗ってっぺ」
ほぉで　ごしごしごしごし
体洗いはじゃったんだと。
❷「手ぇも　ごしごし
❸足ぃも　ごしごし
❹手拭い　のばして
❺背中も　ごしごし」

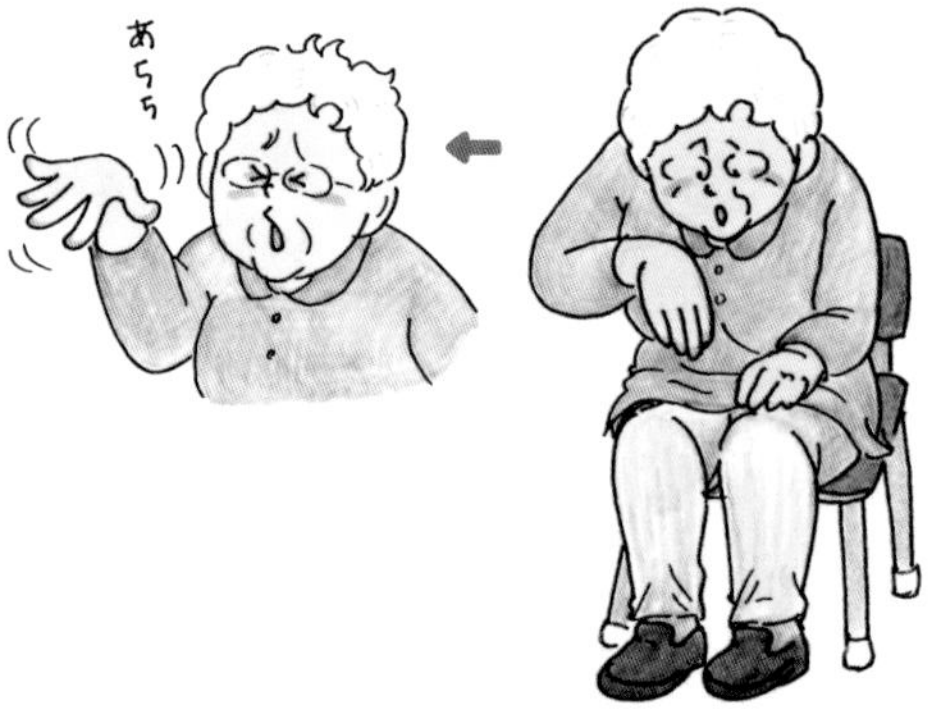

まぁ　体じゅう
ごしごしごしごし
洗ったんだと。大根さんは
「そろそろさめたかな」
❶と湯ぅさ手ぇ入っちみた。
「あっちちち！」
ほぉでまた　体洗ったんだと。
❷「手ぇも　ごしごし

いたから今でも泥だらけというものもありますが、私に語ってくれた隣の畑のおじさんは、牛蒡は湯の冷める間も惜しんで畑仕事をするほどの稼ぎ者なのだという位置づけでした。見た目はよくないけれど、料理に使えばいい味を出す牛蒡には、その理由がふさわしいと私も思っています。人参さんは「ひとぉつぅ、ふたぁつぅ……」とゆっくり数えれば、赤くなった理由がはっきりするでしょう。

❸ 足ぃも　ごしごし
❹ 手拭い　のばして
❺ 背中も　ごしごし」
大根さんは
「そろそろさめたかな」
❶と湯ぅさ手ぇ入っちみた。
「あっちちち！」
ほぉでまた　体洗ったんだと。
❷「手ぇも　ごしごし
❸ 足ぃも　ごしごし
❹ 手拭い　のばして
❺ 背中も　ごしごし」
大根さんは
「そろそろさめたかな」
❶と湯ぅさ手ぇ入っちみた。
「あっちちち！」
ほぉでまた　体洗ったんだと。
❷「手ぇも　ごしごし
❸ 足ぃも　ごしごし
❹ 手拭い　のばして
❺ 背中も　ごしごし」
❶人参さんも　湯ぅさ手ぇ入っちみた。
「あっちちち！」
したがなぁ　人参さんつうのは
まぁ　我慢強いもんでな
あつぅくても湯さへえったんだと。

❺

❹

❸

❷

『人参と大根と牛蒡』こんなふうに語っています

短いおはなしですし、大根さんと人参さんの部分は語りもリズミカルで、動作もつけていますから、2歳児にも1歳児にも聞いてもらえます。「手ぇも　ごしごし、足ぃも　ごしごし……」と何回もやれば、1歳の子でもまねして手足をこすってくれます。4〜5歳になれば「頭も洗わなくちゃ」「お尻も洗わなくちゃ」と提案してくれるでしょう。大根さんの部分は子どもが飽きなければ何回でも繰り返します。子どもたちがのりにのってくれて、何十回となく繰り返したこともありました。子どもたちが「耳の後ろも」「足の指の間も」「わきの下も」などとあちこち細かいところまで指示してくれたので、それをみんな取り入れていたらそうなってしまったのです。

このおはなしは絵本になってたくさん出版されています。なかには牛蒡さんは遊んでばかり

「あっつい湯ぅさへえるには
❻足の先からそろっと入れて
❼はじめは膝《ひざ》まで
❽それから腰まで
❾へそまできたら一休み」
うーっと　こう　息をこらえて我慢してな
❿「それから胸まで
⓫それから肩まで」
なにしろ　あっつぅい
湯であったんだけどなぁ
⓬人参さんは　体を動かさないようにして
ひとぉつぅ、ふたぁつぅ、
みっつぅ、よっつぅ、いつぅつぅ、
むっつぅ、ななっつぅ、やっつぅ、
ここのつぅ、とお
と　入ってたんだと。
⓭したから　ほれ、人参さんは
顔から体から　ああだに真っ赤になってしまった。
大根さんは　ごしごしごしごし
洗っていたんでなぁ
あぁだに真っ白になってしまったんだと。
牛蒡さんは　ほれ
なして　あれ　どろんこのままだかつうのは
もう　みんなわかってっぺ？

―おしまい―

❻

❼

❽

⓬

❾

❿

⓫

⓭

おはなしおばさんの終わらない話

今はスイッチひとつで水でもお湯でも出てくるという生活になってしまいましたが、私が子どものころお風呂を沸かすのはひと仕事でした。

まず井戸から桶やバケツで何回も何回も水を運んで湯船にため、それから焚き口の前に座って焚きつけます。重い水運びは兄たちの仕事でしたが焚き口の前に座るのは私の仕事、まず乾燥させた杉の葉に火をつけ、それから小枝に、そして徐々に太い薪に移していくのです。

いちいち誰かの手をわずらわせて水を運んでもらったり、火を焚いてもらわなければなりませんでしたから、少しぐらいお湯が熱かろうがぬるかろうが我慢しました。入るときにはぬるめにして、あがる前にはちょっと熱めにしようとか、前の人が減らした分お湯を足してとか、そんなぜいたくなことは言えませんでした。

「脚絆湯」という言葉はもう死語になってしまいましたが、みんなが入ったあとの仕舞い湯に嫁が入るころには、ひざぐらいまでしか湯がなかったという表現です。その風呂も毎日沸かすわけではありませんから、これも死語ですが「もらい湯」といってお互いにお風呂を沸かした日には、ご近所に「どうぞ」と声をかけました。よその家のお風呂に入るときには「いただきます」、あがってからは「ごちそうさま」と挨拶しました。

このおはなしを語っていると「熱いなら水を入れればいいじゃん」と言う子もいます。「水道がなかったのよ」と簡単に言うときもあれば、わかってもらえそうな子には「昔はねぇ……」と話すこともあります。

『タンポポ』

道端にタンポポの花が咲きました。
黄色い花はお日様の光を受けて
きらきら光っているようです。
タンポポはお友だちが来たら、
じょうずに挨拶をしようと思っていました。

タ　だれかお友だちが来ないかしら？
タンポポがそう思ったとき、
男の子が来ました。
男の子はタンポポを見ると、
男　あ、タンポポが咲いてる！
　タンポポさんこんにちは。
と言いました。
タンポポは首をかしげて挨拶をしました。
男の子はタンポポに鼻をつけて
においをかぐと
男　タンポポさんって、いいにおい！
と言って、
男　タンポポさん、さようなら。
と行ってしまいました。
タンポポはまた黙って咲いています。

女の子が来ました。
女の子はタンポポを見ると、
女　あ、タンポポ！
　タンポポさんこんにちは。
と言いました。
タンポポは首をかしげて挨拶をしました。
女の子はタンポポに鼻をつけて
においをかぐと
女　タンポポさんって、いいにおい！
と言って、
女　タンポポさん、さようなら。
と行ってしまいました。

タンポポはまた黙って咲いています。
ネコが来ました。
ネコはタンポポを見ると…、
ネ　あ、ニャンポポ！
　ニャンポポさんこんにちは。
（小道具のタンポポ首をかしげて挨拶）
ネ　（タンポポに鼻をつけて）
　ニャンポポさんって、いいにおい！

ニャンポポさん、さようなら。（ネコ退場）

タンポポはまた黙って咲いています。
イヌが来ました。
イヌはタンポポを見ると…、

イ あ、ワンポポ！
ワンポポさんこんにちは。
（タンポポ首をかしげて挨拶）

イ （タンポポに鼻をつけて）
ワンポポさんって、いいにおい！
ワンポポさん、さようなら。（イヌ退場）

タンポポはまた黙って咲いています。
ニワトリが来ました。
ニワトリはタンポポを見ると…、

ニ あ、コケポポ！
コケポポさんこんにちは。
（タンポポ首をかしげて挨拶）

ニ （タンポポに鼻をつけて）
コケポポさんって、いいにおい！
コケポポさん、さようなら。（ニワトリ退場）

タンポポはまた黙って咲いています。
ブタが来ました。
ブタはタンポポを見ると…、

ブ あ、ブウポポ！
ブウポポさんこんにちは。
（タンポポ首をかしげて挨拶）

ブ （タンポポに鼻をつけて）
ブウポポさんって、いいにおい！
ブウポポさん、さようなら。（ブタ退場）

タンポポはまた黙って咲いています。
ヤギが来ました。
ヤギはタンポポを見ると…、

ヤ あ、メエポポ！
メエポポさんこんにちは。
（タンポポ首をかしげて挨拶）

ヤ （タンポポに鼻をつけて）
メエポポさんって、いいにおい！
メエポポさん、さようなら。（ヤギ退場）

タンポポはまた黙って咲いています。
ウシが来ました。

ウシはタンポポを見ると…、

ウ あ、モウポポ！

モウポポさんこんにちは。

（タンポポ首をかしげて挨拶）

ウ （タンポポに鼻をつけて）

モウポポさんって、いいにおい！

モウポポさん、さようなら。（ウシ退場）

タンポポはまた黙って咲いています。

カメが来ました。

カメはタンポポを見ると…、

カ ……、……、……。

黙ってタンポポに挨拶しました。

タンポポも首をかしげて挨拶しました。

カメは黙ってにおいをかぎました。

カメは黙って行ってしまいました。

タンポポは今日一日

たくさんのお友だちに挨拶ができて、

とてもしあわせでした。

―おしまい―

これは保育園の子どもたちと一緒に作ったおはなしです。土手を散歩していたとき、タンポポを見つけた子どもたちが「あ、タンポポ！」「タンポポだ！」と口々に言う中で、風邪を引いたAちゃんは鼻を詰まらせたまま「あ、ダンボボ！」と言い、みんなが笑いました。笑われてシュンとなっているAちゃんを慰めるようにBちゃんが言いました。「ゾウのダンボはタンポポのことをダンボボって言うんだよ」「じゃあ、イヌはタンポポのことをなんて言うのかなぁ？」「ワンポポ！」「じゃあ、ネコは？」「ニャンポポ！」「じゃあニワトリは？」……、そうやってこのおはなしができました。それぞれの動物の台詞もそれぞれに変えてかまいませんが、子どもとおはなしで遊ぼうと思ったら、本文のように、同じ台詞のほうがやりやすいでしょう。動物の数も減らしたり増やしたりご自由にどうぞ。語るとき「ネコはタンポポを見ると…、」でひと息入れると、子どもたちが「ニャンポポ！」と言ってくれます。ですから、それぞれの動物が登場して「タンポポを見ると…」のあと、ちょっと間をおいて、子どもたちの反応を待っていると、より楽しくなります。

出てくる動物はなんでもかまいません。部屋の中にある人形やぬいぐるみを使ってできるおはなしです。人形がなくても、子どもがそれぞれの動物になって、おはなしを進めることもできます。最後に鳴き声のない動物を登場させると、おはなしが引き締まるように思います。

おはなしおばさんの終わらない話

　幼い子は繰り返しのおはなしが大好きです。先のわかっているおはなしの、そのわかっていることを確認して喜ぶのです。また何か動物が出てくるぞ、ほらイヌが出てきた。タンポポのことをちょっとへんに言うぞ、ほらね、やっぱり思ったとおりワンポポって言った！　こんなふうに自分の予想していたように展開していくおはなしが好きなのです。

「タンポポ」のおはなしは筋というほどの筋がないのですけれど、子どもたちはその繰り返しを楽しみます。こう言うぞ、こう言うぞ、ね、こう言った。そうなるぞ、そうなるぞ、ほらそうなった。こうやるぞ、こうやるぞ、やっぱりこうやった。確認しながらの、その繰り返しが好きなのです。年齢が進むと、テンポの速いおはなしや、波瀾万丈でこの先いったいどうなるのでしょう？　というようなおはなしも好きになるのですが、幼いうちは繰り返しが好きなのです。

　幼いときは自分で「読む」のではなく、誰かの声を通して「聞く」時代です。機械を通した音ではなく、その子のために、その子の好きな声で、その子に合わせた繰り返しで聞かせてほしいのです。その繰り返しで、大人と子どもとの間に「信頼」が生まれ、「信頼」が育っていきます。

　日常生活でも繰り返しが好きです。明るくなると母さんが「起きろ」って言うよ、ほら言った。それからトイレに行けって言うんだ、やっぱりね。ごはんを食べ終わると園に行く支度をしろって言うでしょ、ね。園でもひと遊びすると先生が「片づけろ」って言うんだ、ほらね。その繰り返しで、夜になると絵本を読んでくれて「寝ろ」って言うんだ、ほらやっぱり。それで一日が終わる。この繰り返しが好きなのです。毎日の繰り返しの生活が安定していれば、ときにちょっと変わったことがあってもパニックにならずに対応できます。幼い子のおはなしは「繰り返し」の楽しさです。

幼い子に語る『一寸法師』

❶昔あるところに、
一寸法師という
小さな小さな子どもが いたんですって
あるとき　お椀の舟に乗って、
箸の櫂《かい》でこぎながら、
都に出かけていきました

❷おわんのふねに
はしのかい
ゆうらりゆうらり　ゆうらりんこ
ゆうらりゆうらり　ゆうらりんこ

❸ときどきおおきな
なみがきて
ざんぶり　ざんぶり

❹ざぁんぶりこ
❺ざんぶりざんぶり　ざぁんぶりこ
❻ゆうらりゆうらり　ゆうらりんこ
ゆうらりゆうらり　ゆうらりんこ
ときどきおおきな　なみがきて

❶あぐらか、ひざを開いた座り方で、ひざの上に子どもをのせて語る

❷左右に揺らす

❸左右に大きく揺らす

❹子どもを持ち上げ、左ひざから右ひざへ

ざんぶりざんぶり　ざぁんぶりこ
ざんぶりざんぶり　ざぁんぶりこ
（何度でも繰り返す）

❼さあ、都に着きました
舟から下りて歩きましょう
とっとことっとこ　とっとこと
とっとことっとこ　とっとこと

❽お姫様の屋敷に　着きました
お姫様と一緒にお宮参り
お姫様はこうやって　歩きます
しゃなりしゃなり　しゃなしゃなり
しゃなりしゃなり　しゃなしゃなり
（何度でも繰り返す）

❾一寸法師も歩きます
とっとことっとこ　とっとこと
とっとことっとこ　とっとこと
お姫様も　歩きます
しゃなりしゃなり　しゃなしゃなり
しゃなりしゃなり　しゃなしゃなり

❿大きな鬼がやってきて
一寸法師を飲み込んだ

❺ 同様に左右に大きく揺らして、右ひざから左ひざへ

❻ ②～⑤と同じ。子どもが喜ぶなら繰り返す

❼ 子どもの足を持って、歩いているように動かす

❽ 子どもの手を持って、振袖を振るように左右に動かす

❾ ⑦・⑧と同じ。子どもが喜ぶなら繰り返す

❿ 上着の中に子どもを入れる（腕で子どもの顔を隠してもいい）

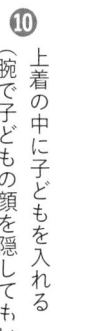

⑪針の刀で
ちくちくちくちく
⑫とうとう鬼が吐き出した
一寸法師かと思ったら
⑬あぁら　かわいい
〇〇ちゃん
—おしまい—

⑪子どもの体を指でつつく

⑫上着から子どもを出して顔を見ながら

⑬子どもの名前を呼ぶ

幼い子に語る『一寸法師』こんなふうに語っています

動作は絵に描いた通りですが、ひざにのせた子の年齢によって「ざぁんぶりこ」で右から左のひざに移すとき、そっと移したり、少し乱暴に移したりします。１歳を過ぎた子なら、少し乱暴に移したほうが喜ぶでしょう。語り手がくたびれなければ、子どもが満足するまで何回でも「ゆうらり」から「ざぁんぶりこ」までを繰り返します。

私が子どものときに語ってくれた「畑のおじさん」は、聞き手に合わせて語ってくれる方でした。小学生だった私に語るときには「むがぁしまずあったと。子ぉの無《ね》え爺と婆が水神さまにお参《めえ》りに行ってなぁ……」と、丁寧に語ってくれましたが、１歳の妹が一緒のときには、妹をひざにのせ「ゆうらり」だの「ざぁんぶりこ」だの「とっとことっとこ」だの、妹が喜ぶ部分だけを何度も何度も繰り返して語ってくれました。そして、妹の体を揺らしながら遊んでくれたのです。『桃太郎』を語るときには、きびだんご作りを妹が喜んだので、「日本一のきびだんご」と言いながら、妹の手をとっておだんごを作るまねをしたり、きびだんごを食べるまねをしたりして遊んでくれました。金太郎はもっぱらクマに乗って「はいしどうどう」と歌うばかりでした。

おはなしおばさんの終わらない話

このおはなしは幼い子向けの『一寸法師』ですから省略してありますが、一寸法師は鬼の忘れていった打ち出の小槌を振って、立派な若者になりました、めでたしめでたし、で終わります。

打ち出の小槌を持っているのは、大黒さまや福の神、それに鬼などです。私の知っているおはなしで打ち出の小槌が出てくるのは、この『一寸法師』のほかに『相撲をとる貧乏の神』（P112）、『鬼は内』『千軒町屋』『こめくら』です。打ち出の小槌というのは、貧乏の神が福の神になったり、打ち出の小槌を預かっているうちに豊かになったり（鬼は内）、捨てられたばあさまが、子鬼が落としていった打ち出の小槌を使って大きな町をつくり、女殿さまになったり（千軒町屋）、なんでも願いがかなう宝物です。『こめくら』のおはなしは、打ち出の小槌をもらうのが竜王だったり、大黒さまだったり、天狗だったり、いろいろありますが、米と倉を出そうと思って、早口に「こめくらこめくら」と言ったら、「めくら※」の子どもがたくさん出てきたという失敗ばなしです。打ち出の小槌は日本独特の宝物のようです。

大黒さまも説明すると長くなってしまいますが、昔はよく、お正月に床の間に飾っていた打ち出の小槌を持って俵の上に乗っている方です。私が子どものころ、「まりつき歌」として遊んだ「大黒さま」の歌もありました（P111）。まりつきでなくても、子どもが幼いなら、リーダーが一人ひとり子どもの頭をなでながら歌っても楽しいかと思います。歌といっても唱えるだけです。

※差別的な表現ではありますが、昔ばなしが語られてきた時代背景を考え、そのまま掲載しました。

『ふくろうの染物屋』

むがぁし　まずあったと。
むかしとゆってもなぁ
むかしむかしのそのまたむかし
鳥はすずめもつばめもうぐいすも
みなぁ　白ぉい色してたんだと。ほぉで
すずめは自分のつれあい見つけるのに
みんな白いから　どれがすずめだかわからねぇ
つばめはつばめで　わがのつれあい探すのに
どれがつばめだかわからねぇ
困っちまって　神様んとこさ行って
それぞれの鳥が　それぞれの色
塗るの許してもれぇてぇと
お願いしたと　したれば神様が
「ほぉかほぉか　みな白では
困ることもあっぺなぁ　ほんじは（それでは）
ふくろうが染物屋してるから
そこさ行って　七日の間に
それぞれ好きな色に　塗ってもらえ」
と　こういうことになったんだと
一番先に行ったのは　うぐいすであったと
うぐいすは
ふくろうのとこさ行ぐと

「あぁ　おらぁ
あの五月《さつき》のころに
木の芽が出てくる
あの芽の色　好きだから
あれと同じような色に
塗ってくなんしょ」
「あぁ　ほぉか　ほぉか
おめえは　あの若い木の若草色好きなんだな
ほんじは　その色塗ってくれっぺ」
となって　若草色　ペタペタペタ……
と　こう塗ってくっちゃと
次に来たのは　鶴であったと
「おらぁ　白いままで　いいんだけんど
ちょこっと頭のあたりだけ
赤くしてもらぁかなぁ　そうそう
羽広げたときに　ちょこっとここら
黒いのがついているといいかもしんねぇ
そういうふうに塗ってくなんしょ」
「あぁ　ほぉか　ほぉか」
となって　赤い色で　頭のてっぺんちょこっと塗ってくれる
羽の下のほう　こう黒く塗ってくれる。
かわせみ　なんつうの来たら

「おらぁ　いろんな色好きだからなぁ
　ここらへんは赤く　ここらへんは黄色く
　ここらへんは青く
　ここらへんは緑に　塗ってくなんしょ」
「あぁ　ほぉがン」
となって　まぁ　いろんな色
こう　わけて塗ってくっちゃと
すずめは
「おらぁ　地味な色がいいなン」
なんてゆって　茶色に塗ってもらった
つばめは　ほれ　スィーっと飛んで来たかと思うと
「白と黒で　スパっと　こう
　わけて塗ってくなんしょ」
なんて　いうわけで　ほぉで
ふくろうの染物屋　せっせと　まぁ
それぞれの鳥の好みの色に
塗ってくっちゃそうな　三日　四日と経って
なかなかやって来ねかったのが
からすであったと。
からすは　なにしろおしゃれこであったもんでなぁ
「どの色にするかなぁ　あれ
かわせみのように　あぁだにいろんな
色あるのも　よくねぇなぁ
うん　鶴のように　頭赤くするかなぁ
いや　それとも　うぐいすみたいな
うすい緑もいいかなぁ」

とまぁ　いろいろ考《かんげ》えていたもんだから
日にち経ってしまって　とうとう最後の
七日目の夕方になって
「あぁ　大変だ　大変だ　これ
急いで塗ってもらわねばならねぇ」
となって　ふくろうのとこさ行ったと。
初め　うす緑がいいような気がして
「すまねぇけんど　うぐいすと同じような色に
　塗ってくなんしょ」
「ほぉがン」
となって　こう　ペタペタペタペタ……
と　うす緑に塗ってみたんだけんど
「なんだべなぁ　こんじは　森の中さ入ったら
どれが木で　どれが鳥だかわからねぇ
こぉだのは　よくねぇ
ほんじゃ　ちょこっと　このはなばなしい
赤で塗ってみてくなんしょ」
「あ　赤がン」
ペタペタペタペタ……
「なんだべ　こんじは火事のようだなン
これでは　とても　おら
目ぇくたびれっちまいそうだ。
したれば　青にしてみてくんにがン」
「あ　青がン」
ペタペタペタペタ……
「こんじは　空飛ぶとき　目立たねぇ」

ふくろうは　からすの言うままに
ほれあの色がッ　ほれこの色がッ　と
塗ってくっちゃんだけんど
からすは　どの色も気に入らねぇ
いやぁ　ふくろうの染物屋
あっちゃ走ったり　こっちゃ走ったり
ゆわれるとおりに走っていたれば
とうとうしまいに　黒い色を入れてた
壺につまずいてひっくり返してしまった。
その壺の真っ黒い色が　からすさかぶさったとき
ちょうど日の沈むときであってなぁ　神様が
「はぁー　そこまでよぉー」
と　こうゆったもんで
からすは　今でも真っ黒いまんま
したが　なにしろ　からすは怒ってる
「ふくろうの染物屋が　あの黒い壺
　ひっくり返したばっかりに
　こぉだ　みっともねぇ色になっちまって」
となって　ふくろうの姿さえ見ると
追いかけて行くもんでな
ふくろうは　おっかなくって　昼間出てこられねぇ
ほぉで　ふくろうは
昼間　森の奥のほうで寝て
夜になると　こっそり出てくるんだと

― おしまい ―

からすは都会の子でも身近な鳥として知っていますが、うぐいすも鶴も、私が子どものころはそこらじゅうにいたすずめでさえ見たことがないという子が増えました。見たという子も、たいていはテレビか絵本、本物を見たという子も動物園でです。それで、私はこのはなしを語る前に、鳥の図鑑を見せながら、それぞれの鳥の姿や鳴き声について、また習性について、少しだけ説明するようにしています。

子どもに語るときは、それぞれの鳥がふくろうの染物屋に塗ってもらったあと羽を広げるように、両手を広げお気に入りの色に染めてもらった満足感にひたりながら、自分の姿に見とれるしぐさをします。ファッションショーのモデルになったつもりで、両手（羽）をひらひらさせると、ときおり子どもたちの中から「きれいになったよ」なんていう声が聞こえてきます。そんなとき、自分がほめられたように得意になってしまう私です。

福島に住んでいたころ、近くの川にかわせみが数羽いました。土手に穴を掘って巣にしていたようです。一直線に水の中に飛び込み、魚をくわえて出てくる姿も見せてくれました。そんなことを思い出しながら語っています。

おはなしおばさんの終わらない話

なぜ海の水は塩からいのか？　それは塩吹き臼が沈んでいるから。なぜにんじんは赤くなったのか？　それは熱い湯に入っていたから。なぜヒバリは太陽に向かって飛んでいくのか？　それは太陽に貸したお金を返してもらいたいから。なぜウグイスはホーホケキョと鳴くのか？　それは法華経を探している人がウグイスになってしまったから。なぜスズメは一足跳び（両足をそろえて跳ぶ）しかできないのか？　それは親を頭越しに跳んだ娘を見とがめて、神さまがスズメにしたから。

こういうなぜなぜ話を由来譚《ゆらいたん》と言います。今回のおはなしも、なぜカラスは黒いのか、なぜフクロウは夜しか出てこないのかという由来譚です。「昔ばなし」の由来譚はみな嘘ばなしです。でもそれは、昔の人たちが鳥や花や自然のあらゆるものをよく見て、つじつまが合うように仕立ててくれた嘘ばなしです。不思議だと思ったことに、自分たちなりに理屈をつけておはなしにして納得していたのかもしれません。それでもうまく説明できないものもたくさんあったのでしょう。そういうときに便利（？）なのが「神さま」で、説明できないことは、みな「神さまのせい」にしました。花の色の美しさも、鳥の鳴き声の美しさも、朝焼けや夕焼けの美しさも、大きいものも小さいものも、みんな神さまがつくられたということで説明がついたのかもしれません。

幼い子どもたちは大人の私にいろいろ質問します。そんなとき、私はなるべく自分の知っている「昔ばなし」で答えますが、それでも答えが見つからないときは、みんな神さまのせいにしてしまいます。空はなぜ青いの？　風に吹かれるとどうして気持ちがいいの？　私が科学的に答えられないということもありますが、おはなしのほうがずっと子どもの心に届きやすいからです。

『蛙《げえる》ぼたもち』

むがぁし　まずあったと。
あるところに　たいそう根性の悪い姑婆様《しゅうとばさま》があってな
どのくらい根性悪いかつうと
まず　うまい物は　わがひとんじ　皆ぁ食ってしまう
つらい仕事は皆ぁ嫁にさせるという
そういう根性の悪い姑婆様であったんだが
その姑婆様が　ある日
用足しに出かけるべと思った矢先に
近まから重箱いっぺぇのぼたもち　もらったんだと。
あららら　うれしこと　うれしこと
これ　こだにいっぺぇぼたもちもらって
したが　おら　今　用足しに出かけねばならねぇ
食ってる暇はねえし
これ　このままここに置いてって
留守のまに嫁に食わっちゃではなんねえ。
なじょったもんだべ。
と　しばらく思案して
あっ　ほだほだ　ぼたもちに
ゆってきかせるべ　となって
風呂敷ほどいて　重箱の中のぼたもちに
何やらごもごもゆって聞かせったんだと。

したが　悪いことはできねぇもので
ちょうどその時　障子の向こう
嫁様　通りかかってな　部屋の中で
姑婆様　何やらごもごも語ってるから
なんだべ？
と　思って　こう　耳そばだてて聞いてみたれば
姑婆様　ぼたもちに向かって　こうゆってるんだと。
「こらこら　ぼたもち　よっく聞け
おら　これから　用足しに出かけてくるから
もしも留守の間に　嫁がふたを開けたら
おめら　蛙《げえる》になってろ　いいかわかったな
嫁が開けたら蛙
おらが戻ってきて　ふたを開けたら
ぼたもちだぞ　いいな　わかったな」
と　まあ　よっくゆって聞かせて
ふたをして風呂敷に包んで　仏様にあげると
鐘をチンとならして
「ほんじは　行ってくっつぉん」
なんてゆって出かけていった。
嫁様は「いってこらんしょ」と
こう　送りだしてはみたものの

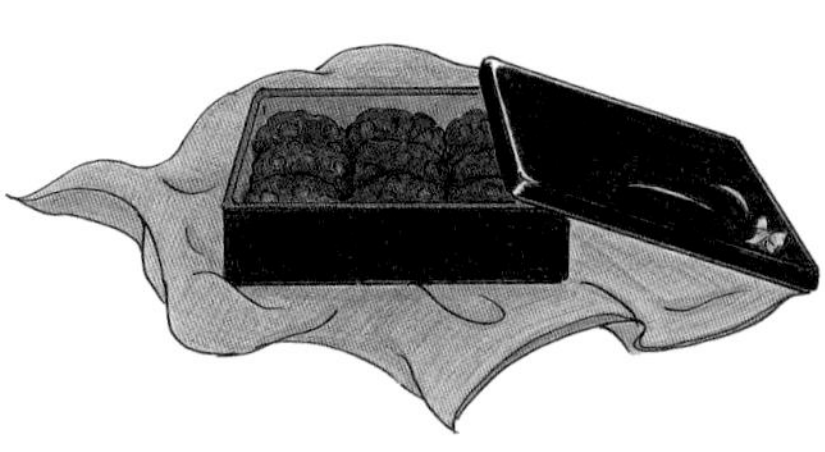

だんだん　だんだん　ごせっぱらやけてきてなぁ
まず　根性の悪い婆ぁだとは思ってたけんど
ここまで根性悪いとは思わねかった。
　よし　ほだに　あのぼたもち蛙にしたいのであれば
　おらが　蛙にしてくれましょ
と　こう語ってな
仏様から　それ　おろしてくると
どのげぇの重箱であったか
中のぼたもち　ぺろっと食っちまって
ほぉで　田んぼさ行ぐと
しこぉたま　蛙　押しゃめえてきてな
前掛けの中にこうして入れてきて
ほぉで　からになった重箱の中さ
ぎゅぎゅっと　こう押し込んで
また風呂敷できゅっとしばって
仏様にあげておいたんだと。
間なしに　婆様　帰ってきた。
「いま　帰ったぞン」
と言うと　まっすぐ仏間さ行って
鐘　チンとならして　仏様から重箱おろしてくる
「あぁ　重てぇ重てぇ
　嫁に食われなかったようだ　えがった　えがった」
と言いながら　風呂敷ほどいて
ふたをちょこっと開けてみたっけが
なにやらぬるっとした顔　つんだすんだと。
「あらら　何だべ。

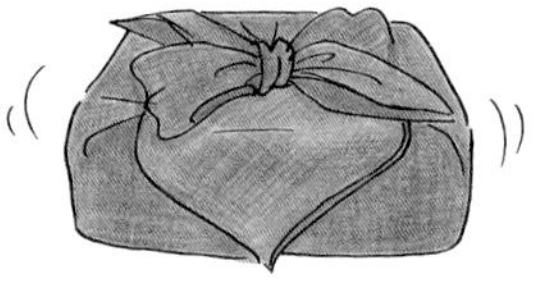

あっ　ほぉだほぉだ
おれ　ぼたもちに　蛙になってろってゆってた
そうかそうか　おめら　蛙になってたか
えらいえらい。したがな
今開けるのは　嫁でねぇぞ　婆だぞ
嫁でねぇぞ　婆だぞ　ぼたもちに戻れ」
もう　戻ったべ
「嫁でねぇぞ　婆だぞ　ぼたもちに戻れ
嫁でねぇぞ　婆だぞ　ぼたもちに戻れ」
もう　戻ったべ
「嫁でねぇぞ　婆だぞ　ぼたもちに戻れ
　嫁でねぇぞ　婆だぞ」
と　まあ　幾たびも幾たびも
開けたり閉めたりしながら　ゆったんだが
ぼたもちにもどらねぇ。
そのうち　まあ
きつましい所に押し込めらっちた蛙だものなぁ
いっぴきのちんこい蛙が
手ぇかけ　足かけ　ぴょんと跳び出した。
「こらこら　ぼたもち　逃げるでねぇ」
こっちから入れれば　そっちにぴょん
「こらこら　ぼたもち　逃げるでねぇ」
そっちから入れれば　あっちにぴょん
あっちから入れれば　こっちにぴょん
ぴょんつらぴょんつら　皆ぁ逃げてしまってな
ほぉで　姑婆様が

「こらこら　ぼたもち　逃げるでねぇ
ほぉだに跳ねたら　あんこがこぼれる」
と言いながら　せっせと追いかけたんだけんども
ひとつ残らず　ぼたもちに逃げられてしまったと。

―おしまい―

『蛙ぼたもち』こんなふうに語っています

私はこのおはなしを語るとき、重箱と風呂敷包みを用意します。牛乳パックの蛙を詰め込んだ重箱を風呂敷に包んでおき、「ある日　用足しに出かけるべと思った矢先に……」から風呂敷包みを持って語るのです a 。ぼたもちになれと言い聞かせるときには、風呂敷を少しだけほどいて重箱は開けずに言い聞かせ、また風呂敷を縛って、「仏様にあげると」でいったん手から離し、机などに置きます。嫁が仏様から風呂敷包みをおろして、中のぼたもちを食べるときも、重箱は開けずに、風呂敷を少しだけほどいて食べるまねをします b 。それから風呂敷の端を重箱の下に挟んで重箱のふたが開かないようにして、前掛けを広げて蛙を捕まえるしぐさをしたり c 、蛙を重箱に入れるしぐさをして、縛った風呂敷包みを仏様にあげます。婆様が帰ってきて風呂敷をほどき、風呂敷は脇に置いて、重箱だけを左手で持ち、右手でふたを開けたり閉めたりしながら「嫁でねえぞ　婆だぞ」と言います。d
「みんな逃げたはずなのに、まだ何かいるみたい、開けてみるね」と言いながら、重箱を開け牛乳パック蛙を跳び出させ e 、おみやげに配ります。

a
風呂敷の端は手前側に

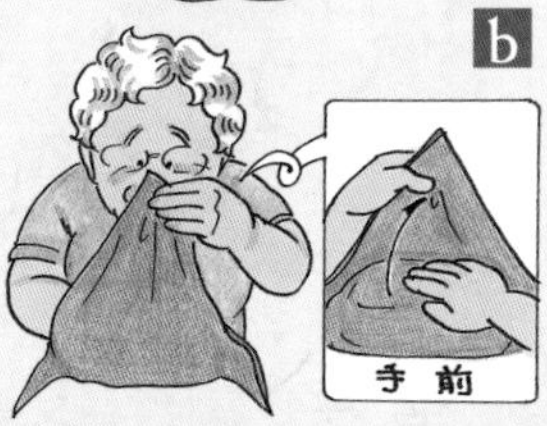

b
ぼたもちに語りかけるときの図。嫁が食べる場面では、右手で食べる動作をする

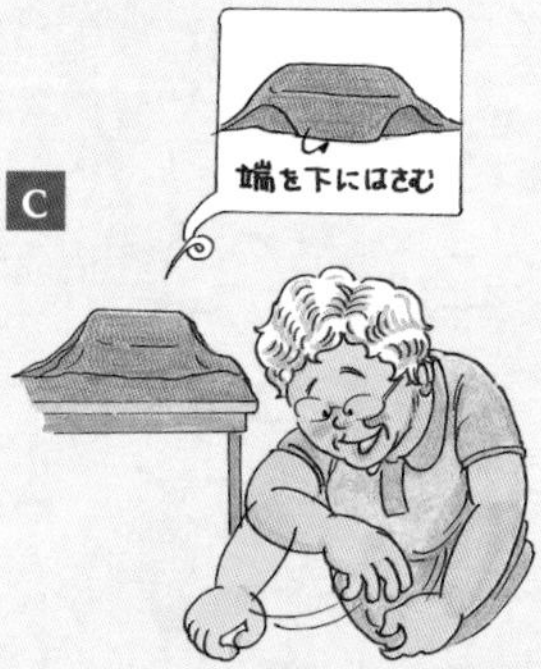

c
服の端を前掛けに見たてて、蛙をたくさんつかまえ、重箱に入れるしぐさをする

d
中身が出ないように、ふたをちょっと開けて語りかける。あわてて閉める。これを繰り返す

e

牛乳パック蛙の作り方

材料　牛乳パック、輪ゴム

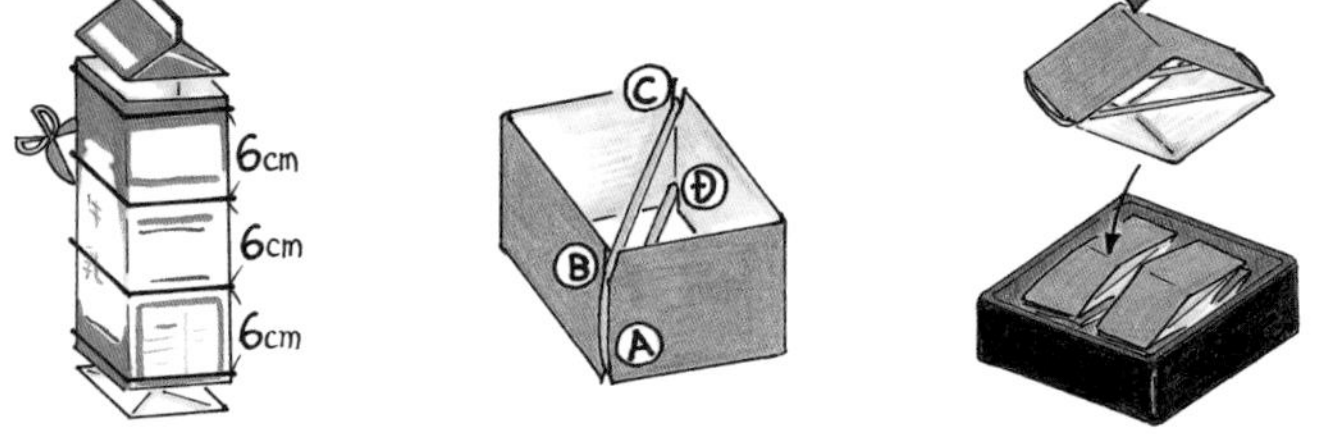

① 牛乳パックの上下を切りとり、6cmの幅で輪のまま切る
② 図のようにⒶ～Ⓓの4カ所に切り込みを入れ、輪ゴムをかける
③ 輪ゴムが伸びる方向につぶして、そのまま重箱にたくさん収める

『いただきます』

おはなしおばさんの終わらない話

年齢をとると、どうしてこう若い人たちのことが気になるのでしょう。自分こそ、若い方々に助けられているのに、自分の頭の上のハエは追わずに、若い人にあれこれ伝えたい私です。

大人は子どもに教えすぎてはいけない、教えすぎると子どものやる気をそぐし、自分で考えなくなります。ですから私も子どもには教えすぎないよう気をつけているのですが、でも大人にならいいでしょう。大人なら気に入らなければ読まないし、いやなら「ふん！」と言って読み捨てることもできますからね。今回は「いただきます」と「ごちそうさま」について書かせていただきます。幼稚園や保育園や学校など、大勢の人と一緒に食事をするときなどは、さぁ食べましょうという合図の意味合いも含めて、みんなで「いただきます」と言い、食事の時間は終わりですという意味で「ごちそうさま」を言いますが、各家庭ではどうでしょう。

小学生のいる家庭で、食事のときに「いただきます」「ごちそうさま」を言わない家庭が8割ぐらいあるのではないかとおっしゃる先生がいらっしゃいましたが、私も若い知人の家庭を思い起こしながら、都会の核家族なら、いつも「いただきます」と言っている家庭は多めに見ても半分だと思っています。朝は父親が出かけたあとに、夜は父親の帰宅前に、母親と子どもだけで食事をする家庭が多いようですし、その母親もテーブルに料理を並べると「食べてなさい、お母さんは洗濯物を干してくるからね」という感じで子どもだけで食べる家庭も増えています。祖父母と暮らし一緒に食事をする家庭、または子だくさんで大勢で食べるときには「食べ始めよう」という合図の意味も含めて「いただきます」を言うでしょうが、1人2人だとそんな合図も必要ないので、言わなくなってしまったのです。けれど「いただきます」は合図だけの言葉ではありません。料理を作ってくれた人、材料を買うお金を用意してくれた人、その材料を調達したお店の人、農家の人、漁師や牧場の人、すべての人に対する感謝も含むでしょうし、何より、その命をくれた動物や魚や植物に感謝する言葉だと思っています。私が子どものころは、さっきまで跳んでいたカエルも、飼っているニワトリやウサギも食べました。小さな虫を蹴散らしながら畑を耕し、葉を食べるアオムシは手でつぶしながら野菜を育ててきました。今はそういう過程を見ないまま、お皿にのっているものを食べる生活です。そんな今だからこそ「いただきます」を！　と言いたいのです。

『大きな く・ち・び・る』

昔、学校の近くに古ぅい家があったと。
長いこと誰も住んでいなかったが、
近頃なにやら音がするといううわさがたち、
校長先生が気にして、
「わしが様子をみてこよう」
そう言うと、校長先生は出かけていったと。
古い戸をギギーッと開けて入って行くと、
広ぉい部屋の、そのまた奥の部屋から、
指がこぉんなに長くて、
口《くち》がこぉんなに大きな人が出てきて、
ぶきみな声で言った。
「わしのこの長ぁい指とこの大きな口で、
　何をするかわかるかな」
校長先生は、あの長い指で捕まえられ、
あの大きな口で　食われてしまうと思ったので、
すたこらさっさと逃げてきたと。
教頭先生が、
「校長先生、どうでした？」
ときいても、
校長先生は何も言わずに震えている。
しかたがないので、
教頭先生は
自分で見に行ったと。
古い戸を
ギギーッと開けて
入って行くと、
広ぉい部屋の、
そのまた奥の部屋から、
指がこぉんなに長くて、
口がこぉんなに大きな人が出てきて、
ぶきみな声で言った。
「わしのこの長ぁい指とこの大きな口で、
　何をするかわかるかな」
教頭先生も、あの長い指で捕まえられ、
あの大きな口で　食われてしまうと思ったので、
すたこらさっさと逃げてきたと。
6年生の先生が、
「教頭先生、どうでした？」
ときいても、
教頭先生は何も言わずに震えている。
しかたがないので、
6年生の先生は自分で見に行ったと。

古い戸をギギーッと開けて入って行くと、
広ぉい部屋の、そのまた奥の部屋から、
指がこぉんなに長くて、
口がこぉんなに大きな人が出てきて、
ぶきみな声で言った。
「わしのこの長ぁい指とこの大きな口で、
　何をするかわかるかな」
6年生の先生も、あの長い指で捕まえられ、
あの大きな口で　食われてしまうと思ったので、
すたこらさっさと逃げてきたと。
5年生の先生が、
「6年生の先生、どうでした？」
ときいても、
6年生の先生は何も言わずに震えている。
しかたがないので、
5年生の先生は自分で見に行ったと。
古い戸をギギーッと開けて入って行くと、
広ぉい部屋の、そのまた奥の部屋から、
指がこぉんなに長くて、
口がこぉんなに大きな人が出てきて、
ぶきみな声で言った。
「わしのこの長ぁい指とこの大きな口で、
　何をするかわかるかな」
5年生の先生も、あの長い指で捕まえられ、
あの大きな口で　食われてしまうと思ったので、
すたこらさっさと逃げてきたと。

※

4年生の先生が、
「5年生の先生、どうでした？」
ときいても、5年生の先生は
何も言わずに震えている。
しかたがないので、
4年生の先生は自分で見に行ったと。
古い戸をギギーッと開けて入って行くと、
広ぉい部屋の、そのまた奥の部屋から、
指がこぉんなに長くて、
口がこぉんなに大きな人が出てきて、
ぶきみな声で言った。
「わしのこの長ぁい指とこの大きな口で、
　何をするかわかるかな」
4年生の先生も、あの長い指で捕まえられ、
あの大きな口で　食われてしまうと思ったので、
すたこらさっさと逃げてきたと。

以下、3年生の先生から、1年生の先生まで、学年を変えて、それぞれ※部分を繰り返します。

そして、ある日、3歳ぐらいの子が
その家の前を通りかかり、
戸が開いていたので中に入ってみたと。
すると、

広ぉい部屋の、そのまた奥の部屋から、
指がこぉんなに長くて、
口がこぉんなに大きな人が出てきて、
「わしのこの長ぁい指とこの大きな口で、
何をするかわかるかな」
「わかんない、何するの？」（かわいく）
「わしのこの長ぁい指と
この大きな口でな」
「うんうん、その長ぁい指と
その大きな口で？」
「わしのこの長ぁい指と
この大きな口でな」
「うんうん、その長ぁい指と大きな口で、
何するの？」
「わしのこの長ぁい指と
この大きな口でな」
「だからさぁ、それで何するのさぁ」
「見てろ！」
そう言うと、その人はその長ぁい指で、
その大きなくちびるを
「ブルルル」とやったと。

―おしまい―

『大きな く・ち・び・る』
こんなふうに
語っています

幼い子どもは怖いおはなしが好きです。「どんなおはなしがいい？」と聞けば、たいてい「怖いおはなし！」と言います。でも、幼い子は本当に怖がりたいわけではありません。怖がることを楽しみたいのです。楽しく怖がりたいのです。となれば、語り手としては、楽しめる怖いおはなしを用意しなければなりません。怖いおはなしを楽しく語る技術を磨かなければなりません。

このおはなしは、はじめに校長先生という、子どもから見れば威厳のある大人が行くのですから、大男は恐ろしい様子で脅かします。聞いている子どもたちが、震え上がるぐらい恐ろしい声で脅かしてもいいと思います。ところがその威厳のある大人が逃げだしてしまうのですから、子どもたちは逃げだす校長先生の様子を想像して、緊張がほぐれ、ちょっと笑ったりします。以下緊張したり笑ったりの繰り返しですから、子どもたちが飽きなければ、1年生の先生まで語ってもいいし、もし飽きてきたようだったら、3年生以下を省略してもかまいません。最後に登場する子どもはかわいらしい声で語りますが、相変わらず大男は恐ろしい声で応答します。その恐ろしい声にめげず、子どもがかわいい声で問い続ける、そのギャップも楽しんでくれます。そのころになると、子どもたちもそれほど怖がってはいませんから、そこで思いきり恐ろしい声で「見てろ！」と言って、しばらく間をおきます。聞き手の子どもたちが緊張するのがわかります。そこで最後に大笑いしておしまいです。

おはなしおばさんの終わらない話

アンデルセンの『裸の王さま』のように、世間の評判を気にしたり、威厳を保とうとしたり、損得ずくで考えたり、まわりの人に逆らえなかったりすると、見えるものも見えなくなり、色眼鏡で見たりしてしまいます。また「幽霊の正体見たり枯れ尾花」という句もありますが、怖い怖いと思っていると、ススキの穂ですら幽霊と思ってしまうのです。手が大きくて口の大きい大男は人を食うもの、という先入観があったから、先生たちは逃げだしたのでしょう。先入観のなかった子どもだけが、楽しい結末を迎えることができました。

私の先入観は子どもに対してでした。若いときは、子どもは早く寝て早く起きるもの、子どもは素直なもの、子どもはかわいいもの、子どもは元気に遊ぶもの、子どもは純真無垢なものなどという先入観で見ていたような気がします。そう見るだけならまだいいのですが、だから大人が教えてやらねば、指導しなければ、と続くとおかしなことになってきます。先生商売をしていると、陥りやすい罠です。

私はそのおかしなことをたくさんやってきた保育者です。先入観がしっかり入り込んでいたので、素直じゃない子は子どもではないような気がしました。お友だちにおもちゃを貸してあげられない子、ごめんなさいが言いたくなくてぎゅっと口を結んでしまった子、転んだお友だちに手をさしのべられない子などは、子どもらしくないと思っていました。室内遊びが好きで外遊びが苦手な子も、あの手この手で外遊びに誘っていました。素直でやさしくて元気で、おはなしを語ればキラキラと目を輝かせて聞く、という私の理想の子ども像に近づけるために、私は努力したのです。

ああ、恥ずかしい！ 私個人がしたことは、恥ずかしい、ごめんなさい、ですみますけれど、これを国でやり始めると、怖いですね。それは本当に怖いおはなしになってしまいます。

『狙われている』

むがぁし　まずあったと。
一人の狩人がいてな
狩人は鉄砲持って　山さ行ったんだと
したれば　木の上に　雉《きじ》が一羽止まっていてなぁ
その雉ぃ　鉄砲でねらって
　撃つべぇ
と思ったんだけんど
何やらその雉の様子がおかしい
　なんだべなぁ
　あの雉は何やらじぃーっと
　見ているようだけんども　何見てんだべぇ
と思って　その雉の見ている方を
ずぅーっとたどってみたれば
そこに　蛇一匹いたんだと
　ははぁー　あの雉は
　あの蛇ねらっているのか　ばかな奴だなぁ
　俺にねらわれているとも知らねぇで
　我《わ》がは蛇ねらっているわけだ
なんて思いながら　その蛇見ていたんだけんども
その蛇もなんだか様子がおかしい
何かをじぃーっと見ているようだ
　何見てんだべぇ
と思って
その蛇の目の先ずぅーっと
たどってみたれば
そこに　蛙《げえる》一匹いたんだと
ははぁー　あの蛇は
あの蛙ねらっているのか
ばかな蛇だなぁ
我がが　雉にねらわれているとも
知らねぇで蛙ねらってるとこだわぁ
なんて思いながら　その蛙見ていたんだけんども
その蛙も何やら様子がおかしい
　なんだべなぁー
と思って　その蛙　じぃーっと見ていたれば
その蛙も何やら見つめているようだ

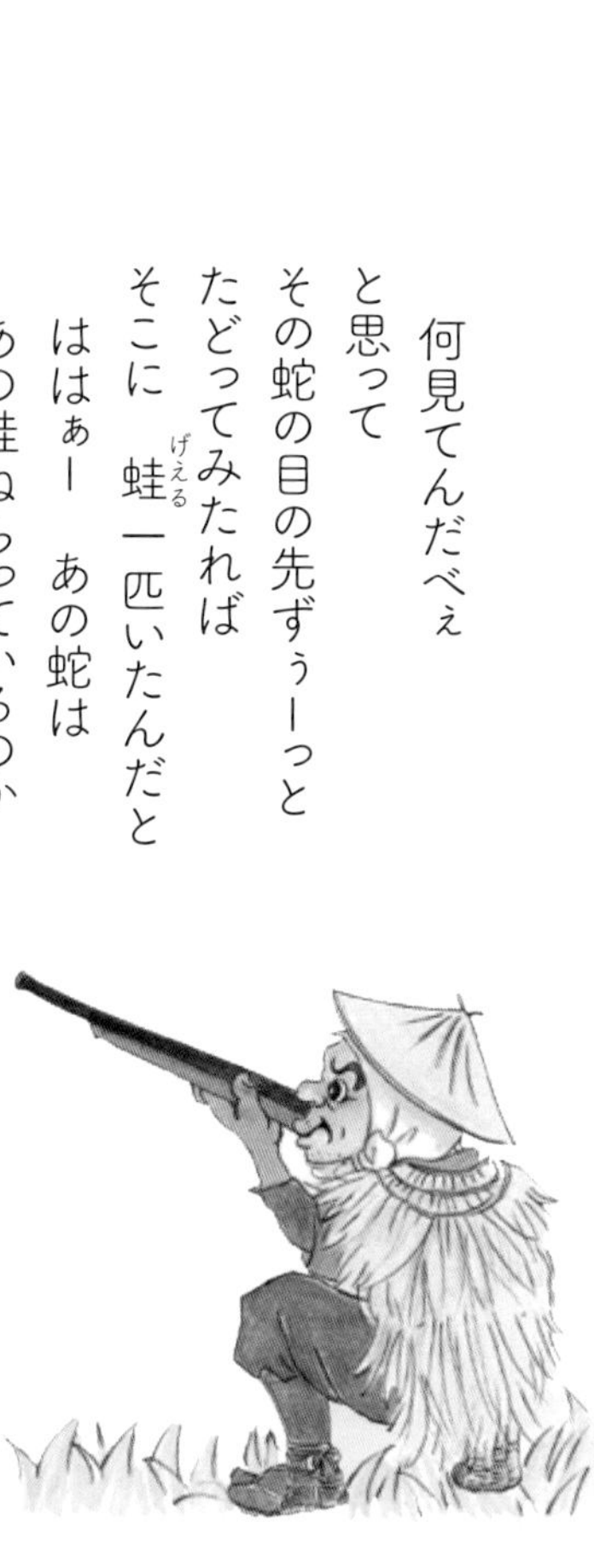

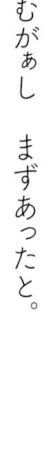

なんだべ
と思って　ずぅーっとその蛙の
目の先見てみたれば
そこさ　みみず一匹いたんだと
ははぁー　ばかな蛙だなぁ
蛇にねらわれているとも知らねぇで
我がは　あのみみず
食う気でいるんだわぁ
そう思って
あの蛙は
蛇にねらわれているとも知らねぇで
みみずねらっている
その蛙ねらっている蛇は
雉にねらわれている
その蛇ねらっている雉は
俺にねらわれている
その雉ねらっている俺はぁ？……

「おっかねぇー！」
て言うと
そのまま家さ
走って帰って来たと。
―おしまい―

『狙われている』こんなふうに語っています

これは恐ろしいおはなしです。同じ恐ろしいおはなしでも『猫じゃ踊り』とか『大きな く・ち・び・る』のように、最後が笑えるおはなしとはちょっと違います。幼い子は「怖がりたい」のではなく「怖がることを楽しみたい」のです。ですからこのおはなしは幼い子には向かないかもしれません。このおはなしの恐ろしさとおもしろさに気づくのは、小学校も高学年になってからでしょう。でも５～６歳の子も、本当の恐ろしさに気づかないまま、ねらわれているものとねらっているものとの関係で楽しんでくれます。

登場人物（動物）の位置関係がわかりにくそうだったら（ここに紹介したような絵を使うとわかりやすいのですが）、狩人の位置を右側に決めたら、語り進むにつれて、少しずつ左に向いていくといいでしょう。そして最後の「みみずをねらっている その蛙は」からはゆっくり語って、また左から少しずつ右に向きを戻していくと理解しやすいかもしれません。そして「その雉ねらっている俺はぁ?……」まで語ったら、ひと呼吸おいて、大きな声で「おっかねぇー!」と言ってみてください。

おはなしおばさんの終わらない話

世の中には狙う立場と狙われる立場があります。このおはなしが怖いのは、狙う立場のものがいつも狙う立場にいられるかというとそうでもなくて、自分もまた狙われる立場になると気がついたからです。狩人でなくても私たちの生活の中には、こういう構図がたくさんあります。「狙う」のとはちょっと違いますが、平社員の上に係長がいて、係長の上に課長、課長の上に部長、部長の上に社長がいるとして、では社長には怖いものがないかといえば、そんなことはありません。零細企業は中小企業に頼り、中小企業は大手企業の傘下にいるとして、大手企業はいつでも安泰かというと、そうとも限りません。めぐりめぐって自分の上に降りかかってくるであろう怖さに気づくと恐ろしくなるのです。この狩人はそこに気づきました。だから恐ろしくなって逃げだしたのです。

でも世の中には私も含めてそのことに気づかないまま暮らしている人が多いのです。狙っているのか狙われているのかさえよくわからないまま、のほほんと暮らしています。よその国とよその国を戦わせて、武器を売りつけることで自分は儲けたつもりになっている人(国)や、自分だけは安全だと根拠のない自信で威張っている人もいます。

怖いほうの連鎖ばかりではありません。誰かに親切にすれば、その誰かがまた誰かに親切にするでしょう。そしてその人がまた誰かに親切にすれば、たとえその親切が自分に返ってこないとしても、親切の連鎖が生まれて、別のところから親切にされるかもしれません。「徳を積んだら孫子に還る」という言葉もあります。徳を積んで(いいことをして)おけば、それは結局子どもや孫に還ってくるのだよという言葉です。

徳を積んで孫子に残すどころか、放射能という恐ろしいものを孫子に残すことになってしまった日本です。安心して暮らせる世の中を子どもや孫に残しておきたいと願っていたはずなのに、人間の手には負えないものが後ろからじっと私たちを狙っているような……。

手遊び

大きいちょうちん 小さいちょうちん

遊び方 簡単な手遊びでで、何人でも楽しめます。

「大きいちょうちん」
…とリーダーが言ったら、

みんなは
両手を大きく広げる

「小さいちょうちん」
…とリーダーが言ったら、

みんなは
両手を小さく広げる

慣れてきたら言葉と反対の動作をします

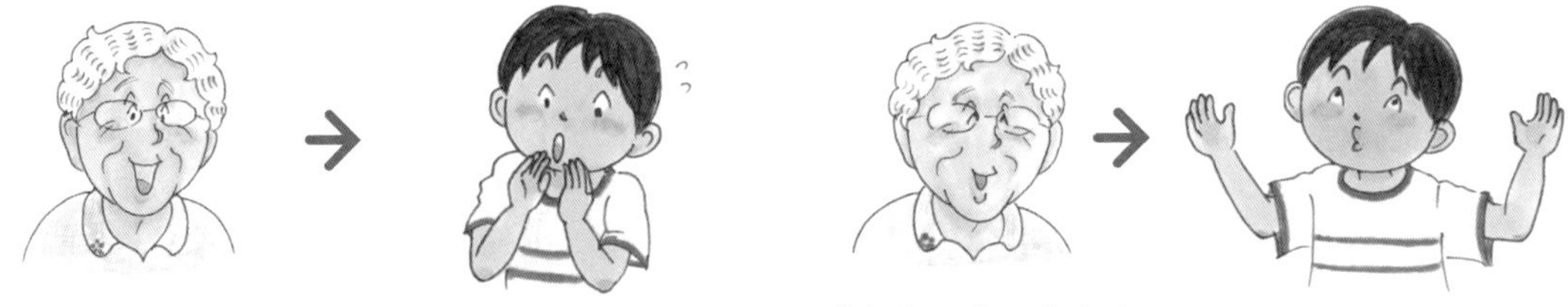

「大きいちょうちん」
…とリーダーが言ったら、

みんなは
小さく広げる

「小さいちょうちん」
…とリーダーが言ったら、

みんなは
大きく広げる

牛と馬

遊び方 リーダーが「うし」、「うま」と言うのに合わせ、指を角《つの》にしたり、耳にしたりして遊びます。

1 リーダーが「う、う、う、う」と言っている間、子どもたちは両手をグーにして、揺らす

2 リーダーが「うし!」と言ったら指を角に

3 再びリーダーが「う、う、う、う」と言っている間、子どもたちは両手をグーにして、揺らす

4 「うま!」と言ったら、手を耳に

『かっぱの膏薬《こうやく》』

むがぁし　まずあったと。
ある村で　娘だの嫁様だのが入ると
せっちん（雪隠）の下から
冷たぁい手が出てきてな
さらぁっと　こう　撫でる
ほぉでまぁ　その村のひとたち皆ぁ
困っちまってなぁ
娘たちだって　ほれ
せっちんさ行がんにぇくなってしまった
そこで　一人の婆様がな　懐に包丁隠して
ほぉで　せっちんさ行ったそうな
しゃがんで待ったけど
なかなか出てこねぇんだと
ほんでも婆様ほれ
じっと待っていたっけが　そのうちに
むこうでも諦めたんだかなんだかなぁ
すーっと出てきて　冷たぁい手で
しゃらぁっと　こうさすった
婆様は右手に包丁持つと
左手でその冷たぁい手を押さえ
ずばっと
こう切ってしまったんだと
したっけ
「ギャァー」
とゆって
まぁ　何か
逃げていったようだったけんど
その晩　とんとんと戸を叩く音してなぁ
婆様が　戸を開けてみると
かっぱが入ってきたんだと
片っ方の手　こうしてかかえながら
「婆様　婆様
おらの手ぇ返してもらいてぇ
いろいろいたずらして申し訳ねぇ
もう　こんりんざい
いたずらはしねぇから　返してもらいてぇ」
「ほおだことゆったって　おめえ
返したら　また　いたずらするべぇ」
「かっぱは人間と違って嘘こかねぇ
必ずもういたずらしねぇから　返してはしい」
「したが　もう　これ　返したって
切っちまったもの返したって

何の役にも立たねぇべ」
「ほだことねえ
かっぱはな　かっぱの膏薬
つうものを持っているから
それつければ　元通り治るんだ」
「へぇー　ほだもの持ってるのか
したれば　ほれ　ここでつけて見せろ
うまくいったら　おれ
返してやってもいいぞン」
なんと　こうゆった
ほぉで　かっぱはな　この
貝殻に入った膏薬を出すと
我がの　この切れた手につける
返してもらった手の　こっち側にもつける
ぴたっとつけたら　その手が
もう　すぐ動いてしまったんだと
いや婆様たまげてなぁ
「いや　こりゃあ　てえしたもんだ
ほんじは　返してくれっぺ
もう　いたずらすんでねぇぞ」
と　こうゆったれば
かっぱが頭ぁ下げて
「ありがとうござりやした
お礼にこの膏薬　婆様に差し上げます」
こうゆったもんでな
それから婆様　薬屋始めて
その膏薬をこのまま使ったんでは
すぐ無くなっちまぁから
薄めに薄めてな　少しずつ分けてやっては
銭儲けしたんだと。

―おしまい―

『かっぱの膏薬』こんなふうに語っています

語る前にまず昔の雪隠（便所）の説明をします。いわゆるボットン便所の汲み取り式で、汲み取り口があったことやそこから冷たい風が吹き込んでくることなどを話すのですが、それでも水洗式しか知らない子はピンとこないようで、かっぱはどこから入るの？ と質問されます。汲み取り口からかなぁと、私もあいまいに答えますが、もっと昔は、川の上にしゃがむ場所をつくって用をたしていたようですから、かっぱには出入り自由な場所だったのかもしれません。

経験者として言えば、冬場しゃがんだとたん、汲み取り口の隙間から冷たい風がピューッと入ってくると、それこそかっぱの濡れ手でなでられたような感じでした。聞き手がそんなこともわかってくれるような年齢であれば、昔の暮らしについても少し話します。語ったあと、かっぱの手足はこんなふうに伸びたり縮んだりするのよ、とかっぱの人形を出し、右手を引いて左手を短くしたり、足を引いて手を短くしたりしてみせます。

膏薬というのはクリーム状の塗り薬です。プラスチックもガラスの容器もなかった時代には、膏薬も口紅も貝殻に入れていたようです。

おはなしおばさんの終わらない話

私の子どものころ、おもちゃは「買うもの」ではなく「作るもの」でした。私には兄が3人おりまして、2番目の兄は特に器用で、妹の私にいろいろ作ってくれました。今回紹介する「かっぱ」ももちろん作ってくれました。今はラップの芯などを使って、簡単に作れますが、昔は竹の節から節までを使いました。上も下も閉じてある筒に紐をからませて通すのは根気の要ることでした。今、私が自己紹介に使っている「ぱたぱた」もそうです。竹製のけん玉、篠竹鉄砲、紙鉄砲、竹スキー、そり、縄跳びの縄、人形の家や家具、凧、羽子板、風ぐるま、びゅんびゅんごま、めんこ、万華鏡……、数え上げたらきりがありません。みんな3人の兄や兄の友だちが作ってくれました。私自身も小学校にあがるころからは、あやとりのひもを編んだり、着せ替え人形の服を作ったり、母に教わりながらお手玉を作ったり、妹にもあれこれ作ってやりました。作るそのこと自体が、もう遊びでした。兄に作ってもらったり自分で作ったおもちゃは、簡単には捨てられません。破れては直し、壊れては直し、ほつれては直しました。今のように性能のいい接着剤があるわけではありませんし、セロハンテープもありませんでしたから、小麦粉やごはん粒で糊を作るところから始めます。ですから、直すといっても手間がかかるのですが、直すこともまた遊びのひとつでした。

遊ぶ道具も自分たちで作りましたけれど、遊び方も自分たちで決めました。自分で篠竹鉄砲を作れない幼い子や親に作ってもらった子は「見物人」で、鉄砲遊びには入れてもらえませんでした。縄跳びもおまめの子（年少者）は失敗しても持ち役にならなくてもいいとか、そのとき集まった子の顔ぶれを見てからルールを決めたのです。言ってみれば、自分たちの作ったおもちゃで、自分たちの決めたルールで、自分たちの意志で「能動的に」遊んだということです。

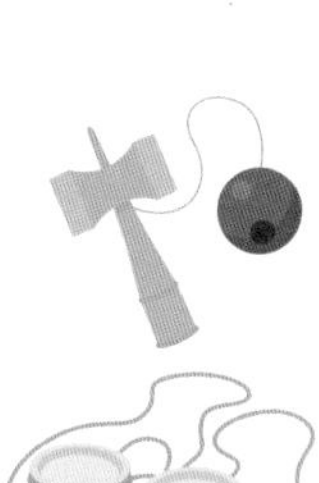

作ってみよう

かっぱの人形

手足の伸び縮みするかっぱを作りましょう。

材料 ラップ芯（直径38㎜を使用）、折り紙（15㎝角・緑、黄緑）、フェルト（緑）、組ひも（つやのある緑 5㎜幅×70㎝）、動眼（直径 8㎜×2個）、厚紙

道具：カッター、はさみ、のり、接着剤、セロハンテープ、目打ち、カギ編み針（なければ細い針金を曲げる）

【実物大の型紙】

※型紙を使って耳、手、足を各4枚、フェルトを切り抜く。

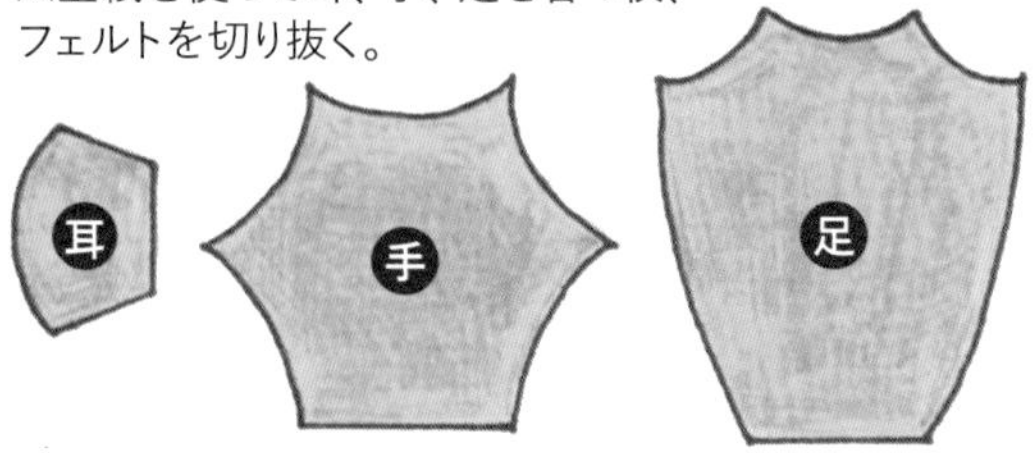

1. カッターや糸のこぎりで芯を 15㎝の長さに切り、緑の折り紙を貼る
2. 乾いたら目打ちでひもが通るくらいの穴を図のように6カ所あける
3. 20㎝のひもをまん中の穴に通し、両端をひと結びする
   ※先をセロハンテープで巻いて通す（通したらセロハンテープをとる）
4. 30㎝のひもを下の穴に図のように通す
5. まん中のひもをまっすぐにしたところで下のひもを結び切る

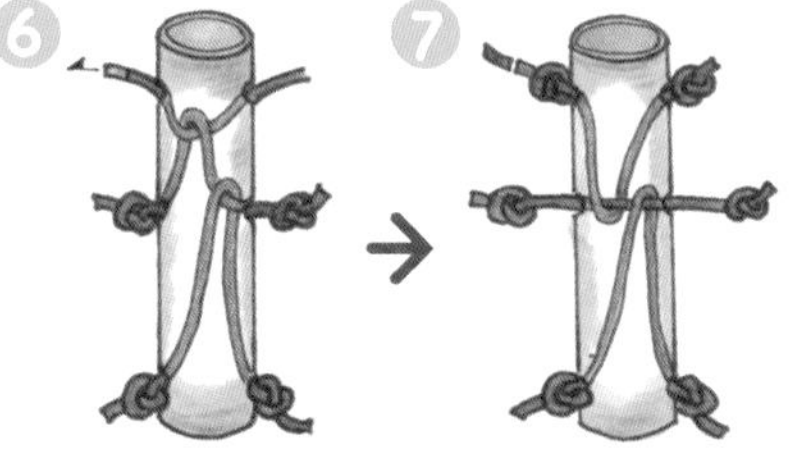

6. 20㎝のひもを上の穴に図のように通す
7. ⑤と同様にして結び切る

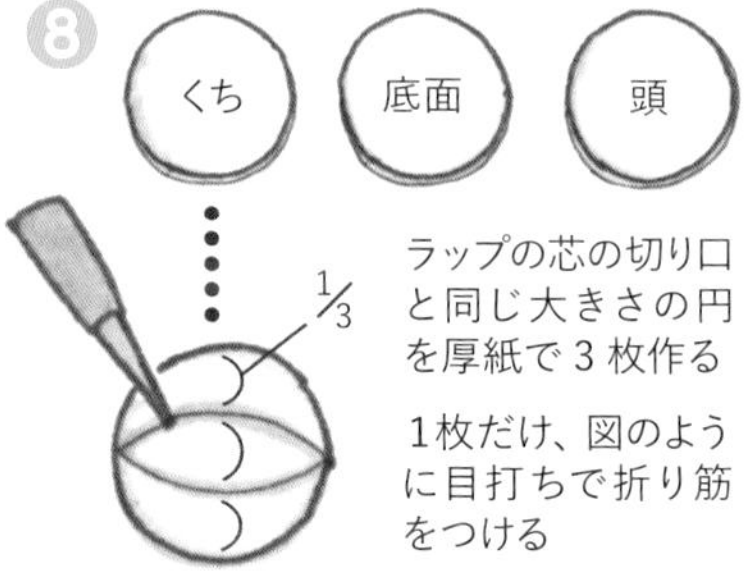

8. ラップの芯の切り口と同じ大きさの円を厚紙で3枚作る
   1枚だけ、図のように目打ちで折り筋をつける

9. 3枚とも緑の折り紙でくるむ
   のりづけする
   ※底面はこれで終わり

10. ⑧・⑨で作った緑の円（頭）を貼る

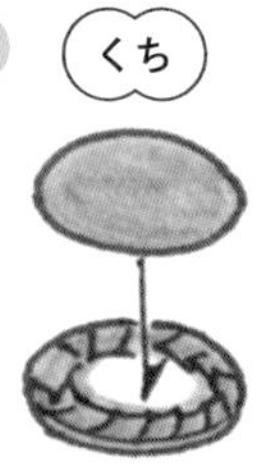

11. 厚紙の円と同じ大きさの緑の折り紙を貼る
    厚紙につけた折り筋で▨の部分がそり曲がるように折る

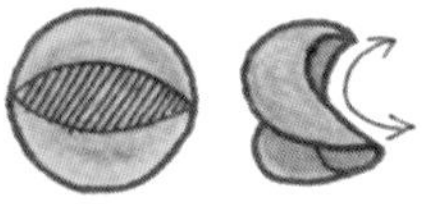

仕上げ

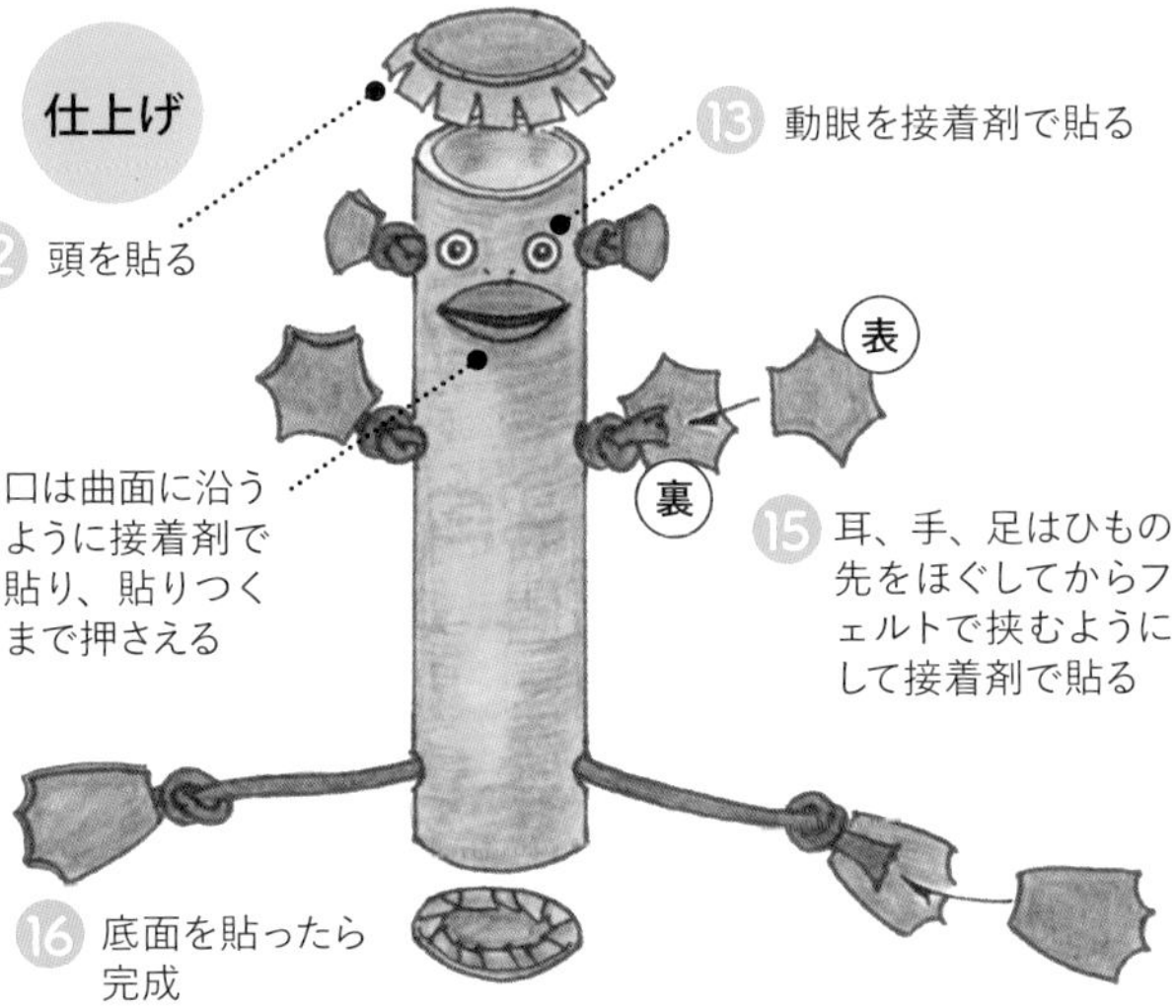

12. 頭を貼る
13. 動眼を接着剤で貼る
14. 口は曲面に沿うように接着剤で貼り、貼りつくまで押さえる
15. 耳、手、足はひもの先をほぐしてからフェルトで挟むようにして接着剤で貼る
16. 底面を貼ったら完成

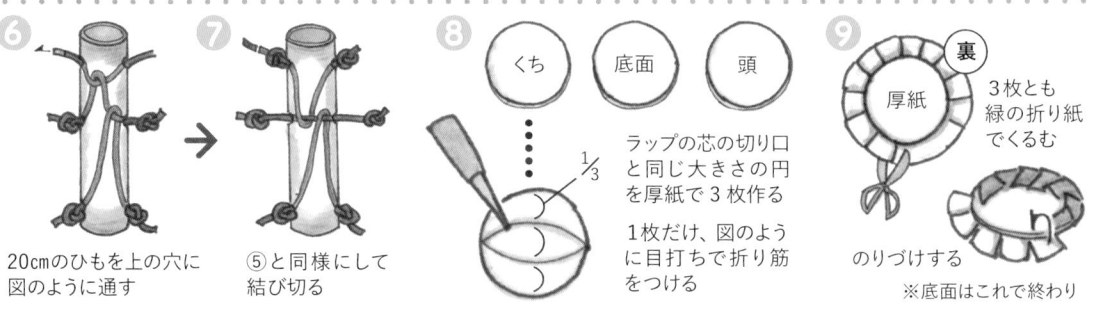

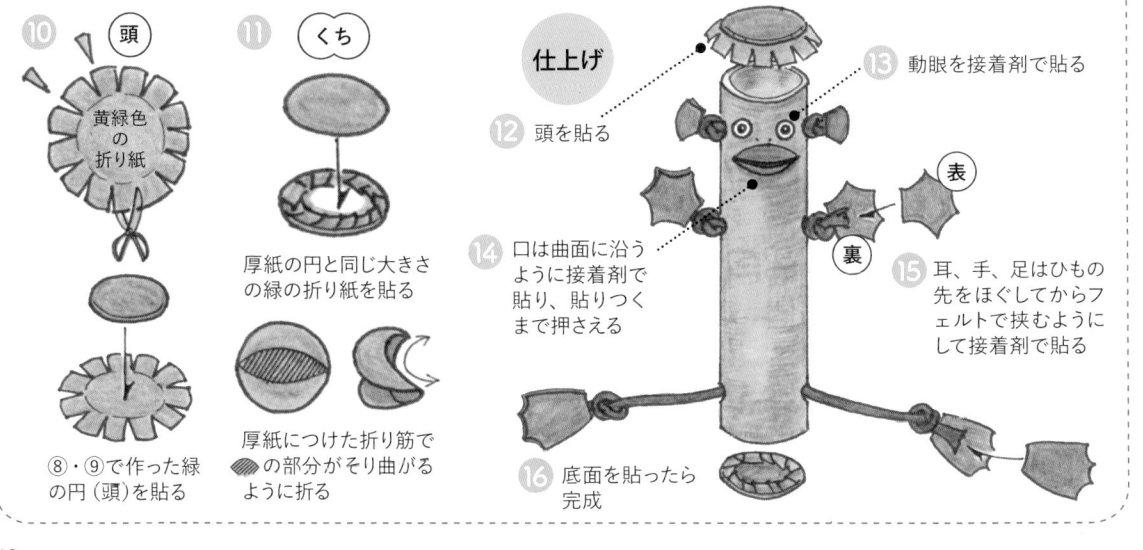

『蛙《げえる》の坊様』

　むがぁし　まずあったと。
あるところに蓮池があってな
その池の蓮は　たいそう不思議な蓮で
その日のお葬式の数だけ花が咲くのであったと
その日に葬式がふたっつあれば花もふたっつ咲く
その日に花がみっつ咲けば葬式もみっつある
そういう不思議な花であったんだそうだけんど
その池に　蛙の坊様住んでらったと
蛙の坊様は毎朝目が覚めると
いちばぁん先にまず　蓮の葉っぱの上さ上《のぼ》って
くりーっとその池見回して
　あぁー今日は花ひとつ咲いてるなぁ
　今日は葬式ひつとあるんだなぁ
　あぁ今日は葬式みっつもあるんだべか
　花みっつも咲いてるわ
そう思って　葬式の支度《したく》してたりしたんだそうな

　あるとき　いつものように蛙の坊様が
葉っぱの上に上って　くりーっと見回したっけが
蓮の花いっぺえ咲いてた
　あららら　今日は　まずなんだべ
蓮の花いっぺぇ咲いてること
ほれ　ひとつ　ふたつ　みっつ
あっちのほうによっつ　ほれ　葉っぱの陰にいつつ
むっつ　あぁ　ななつも咲いてる
ななつも葬式あるんだべか　ほんじはまぁ
早く支度しておかねばならねぇ
となって　衣《ころも》着て　袈裟《けさ》ぁかけていると
その袈裟かけ終わらないうちに　ばたばたばたと
跳ねて来たのがもぐらのおかみさんであったと
「蛙の坊様　蛙の坊様　おら家《え》の亭主
ゆうべ果《は》かなくなって（亡くなって）なぁ」
「なぁしてだン　おめ家《げ》の亭主
昨日せっせこ稼いでたんでねぇがン
穴掘って　働いてたんでねぇがン」

と　こう言えば
「ほぉだてぇ　したがなぁ
穴せっせこせっせこ掘ってるうちに
向こう側につんぬけてしまって　その拍子に
ぎらぎら光るお天道様《てんとさま》と行《い》っ会《きゃ》ってしまって
ほぉでまぁ　亭主　頭くらくらーとして
そのまま帰《けぇ》って来たんだけど
夜になって頭痛くなって
『あのお天道様のやつめ　あのお天道様のやつめ』と
悪口言いながら　いたっけけんど
今朝起きてみたら　はぁ　果かなくなってたんだわッ
あだにお天道様の悪口語ってたんでは
極楽さ行かんにべな」
「なぁんもなんも　ほだことはねぇぞッ
おめ家《げ》の亭主みたいにあだによく稼ぐ
亭主　地獄さ行くはずなかんべ
必ず極楽さ行かれる　したがな
極楽さ行かれるように　おらが極楽行きの経
読んでやっから　おめえ心配ならば
そこで座って聞いててくなんしょ」
ほぉで　蛙の坊様　お経読み始めたと
「ゲッコゲッコゲッコ　なんまいだぁ
ゲッコゲッコゲッコゲッコ
ごぉっくらっく　ごぉっくらっく」
チーン
「いやいやありがとうござりやした
ほんじはおら
お天道様出る前に早く帰んねばならねぇ」
となって　また　ばたばたと帰って行った
すると　間なしに来たのが
すずめの母ちゃんであったと
「蛙の坊様 蛙の坊様　おら家《え》のばっちこ（末っ子）
巣から落ちて果かなくなってしまった
あぁだ　ちっちゃいわらしこ
ひとんじ（ひとりで）極楽まで行がれっぺか」
「なぁんもなんも　こぉだちんこいわらしこ
まぁだ生まれてから
なんにも悪いことしてねぇような
こぉだわらしこはなぁ
お地蔵様が向こうから迎えに来て　手のひらにのせて
極楽さ連れてってくださるつぅ話だけんども
まぁ気になるなら　おらが極楽行きの経読むから
おめえもそこさ座って聞いててくなんしょ」
ほぉでまた　お経読み始めたと
「ゲッコゲッコゲッコ　なんまいだぁ
ゲッコゲッコゲッコゲッコ
ごぉっくらっく　ごぉっくらっく」
チーン
ほぉで　すずめの母ちゃんが喜んで帰って行ったっけが
そのあと来たのが　こいのあね様であったと
「蛙の坊様 蛙の坊様　おら家《え》のあんちゃん
釣り針に釣られてしまったわッ

なんでもかんでも口に入れるから
欲たかりでほれ　なんでも食っちまうから
あぁだことになったんだべかなぁ
おら家《え》のあんちゃん
しょっちゅう腹すかせてたけんど
あれで極楽さ行かれんだべか」
「なぁんもなんも　若《わけ》ぇ者が腹ぁすかせるのは
これ当たりめぇのことだ
今ごろはまな板の上で立派に成仏してっぺけんど
おらが　まぁ　極楽さ行かれる経読んでやっから
おめえ　そこさ座って聞いててくなんしょ
ゲッコゲッコゲッコ　なんまいだぁ
ゲッコゲッコゲッコゲッコ
ごぉっくらっく　ごぉっくらっく」
チーン
ほぉで　こいのあね様が帰って行ったあと
よったらよったら杖ついて来たのが
やもりの婆様《ばさま》であったと
「蛙の坊様　蛙の坊様
おら家《え》の爺様《じさま》　やぁっと楽になったわッ」
とこう語る
「ほぉか　おめ家《げ》の爺様
長《なげ》ぇことまぁ　苦しんでらったが
やっと楽になったか　えがったなぁ」
「したがほれ　おら家《え》の爺様は若ぇころ
酒は飲む　ばくちは打つ　女は買う
悪いことなんぼもしてきた人だから
あれでは極楽さ行がんにべなぁ」
「なぁんもなんも　おめ家《げ》の爺様若ぇころは
なにぃ悪いことしてきたか知らねぇけんども
あの最後のころの苦しみ　あれだけ苦しんだらなぁ
なんもかんも帳消し　極楽さ行かれるから
気にすることねぇぞッ
したがほれ　気になるならば
おら極楽さ行く経読んでやっからな
聞いててくなんしょ
ゲッコゲッコゲッコ　なんまいだぁ
ゲッコゲッコゲッコ
ごぉっくらっく　ごぉっくらっく」
チーン
「まずおめ家《げ》の爺様
たいそう悪いことしてきたからなぁ
もう一度読んでやっから
ゲッコゲッコゲッコ　なんまいだぁ
ゲッコゲッコゲッコ
ごぉっくらっく　ごぉっくらっく」
チーン
ほぉでまぁ　やもりの婆様も安心して帰って行った
蛙の坊様は
はぁー　あと三人　誰来《く》んだべなぁ
と　思いながら待っていたんだけんども

そのあとだぁれも来ねぇ
昼ぅ過ぎて　お天道様　はぁ
もう少しで沈みかけるというのに　だぁれも来ねぇ
おかしいなぁ　あと三人来るはずなのに
と思っていたれば　そこに来たのが
せみのあんちゃんであったと
「蛙の坊様 蛙の坊様　おらの仲間なぁ
今まで一緒に歌うたってたんだけど
急に鳴きやんだと思ったら　ぱたっと落ちて
果かなくなってしまった
おらぁ　あの友だちとは
土から出るときも一緒　せみになるのも一緒
嫁様もらうのも一緒にもらって
一緒に餌ぁさがして
ほぉで
一緒に死ぬべなぁ
とゆっていたのに
あいつだけ
先にいっちまった
あいつが
極楽浄土さ
行かれるように
経読んで
やってくなんしょ」
いわれてまた
蛙の坊様

「ゲッコゲッコゲッコ　なんまいだぁ
ゲッコゲッコゲッコ
ごぉっくらっく　ごぉっくらっく」
チーン
ほぉで　せみのあんちゃんが
「ありがとうござりやした」
と　ほぉゆって帰ろうとすると
「あっ　ちょっと待って
おめえ今
一緒に　穴から出て　一緒に　せみになって
一緒に　嫁様もらってとゆってたな
おめえ　一緒に生まれたんであれば
心配することねぇ
おめえも今日のうちに必ず極楽さ行かれるから
一緒に行かれるぞン　おめえのぶんも　ほれ
経読んどいてやっから」
ほぉゆって　また　坊様なぁ
「ゲッコゲッコゲッコ　なんまいだぁ
ゲッコゲッコゲッコ
ごぉっくらっく　ごぉっくらっく」
チーン
「はぁ　おめえのぶんも読んどいてやったから
おめえも間なしに極楽さ行かれるはずだから」
と　そうゆってせみのあんちゃん帰してやった

それからまた　だぁれも来ねぇ

とうとうお天道様　はぁ　沈みかけて
あと少しで日が落ちてしまう
というときになっても
だぁれも来ねぇもんで　蛙の坊様
蓮の葉っぱの上にのってなぁ
あっちぃ見たりこっちぃ見たり
　あっちから来るかなぁ
　こっちから来るかなぁ
と　こうして眺めていたっけが
池の周りで遊んでいた悪たれわらしどもがなぁ
石　ぽーんと投げて
その蛙の坊様の頭に
コチンと当たったと思ったれば
蛙の坊様　キュッとゆったきり
池の中　ポチャッと入《へえ》ってしまった
それっきり　上がってこねぇ
蛙の坊様のためには
だぁれも極楽行きの経
読んでやらねかったからなぁ
蛙の坊様が極楽さ行ったもんだか
地獄さ行ったもんだか　おらぁわからねぇ。

―おしまい―

『蛙の坊様』こんなふうに語っています

蛙とはいえお坊様ですから、お経を読むときはお坊様らしく手を合わせ「ゲッコゲッコ」は少し低い声でゆっくりと「ゲェッコゥゲェッコゥ」に近い言い方で、お経っぽく語っています。「ごぉっくらっく、ごぉっくらっく」は少し高めの声で、はっきりと唱えます。そして最後は鐘をたたくしぐさを添えて「チーン」となります。

坊様のところにやってくる動物も、それぞれですが、末っ子を亡くした母親は切なそうに語り、連れ合いを亡くしたやもりの婆様は、やれやれという感じで語っています。東北では末っ子のことを「ばっちこ」と言います。「末子（まっし）」「ばっし」「ばっち」となまって、それに東北特有の「こ」がついたのでしょう。馬《ま》っこだの牛《べこ》っこだの手っこだのと「こ」をつけることが多いのです。せみのあんちゃんが「おめえも今日のうちに必ず極楽さ行かれる」と言われても怒らないのは、せみになってからの寿命が短いということを知っているからでしょうか、仲間と一緒にあの世に行けるのがうれしいからでしょうか、とにかくせみのあんちゃんは死を宣告されても動じる様子はありません。

これだけみんなのために極楽行きのお経を読んであげたのに、「蛙の坊様が極楽さ行ったもんだか地獄さ行ったもんだか」と私が語るので、やさしい子は「蛙の坊様のためには、私（ぼく）が読んであげる」と言って「ゲッコゲッコゲッコゲッコ　なんまいだぁ」とやってくれます。それはそれで子どもたちのやさしさを汲みとって、唱えてもらうことにしていますが、庶民が伝えてきた昔ばなしの世界では、お坊様やお医者様や役人など、身近でちょっと特別な人たちに対してわりに冷たい結末のおはなしがたくさんあります。

おはなしおばさんの終わらない話

私はこのおはなしが好きです。それぞれの事情を抱えて死んでいく人（動物？）たちと、遺された人たちに、蛙の坊さまは慰めの言葉をかけて、死者のためには極楽行きのお経を唱えてくれます。天に君臨しているえらいお天道さまの悪口を言ったとしても、まじめに働いていた者が地獄に落ちるはずはない、まじめに働く者は必ず極楽に行かれるのだと、モグラのおかみさんに説いています。生まれたばかりの赤子を亡くした母親には、仏さまの中でも子ども担当のお地蔵さまが迎えに来てくださるからと説いて母親を安心させます。鯉の姉さまには、若い者が腹をすかせるのは当たり前だと言って、釣り針の餌に食いつくのも本人が悪いわけではない、食い意地が張っているからでも、意地汚いからでもないぞと慰めます。若い者が腹をすかせていなければならない世の中を批判しているようでもあります。若いころに「呑む・打つ・買う」の悪業をさんざんやってきた爺様でさえ、極楽に行かれるというのです。これはそんな爺様と長いこと連れ添ってきた婆様へのおもいやりでしょうか。遺された人としては、死者が極楽に行ったと思えば安心するのでしょうね。

私は毎日舌先三寸で、嘘八百のおはなしをして子どもたちをだまくらかしているわけですから、閻魔さまに舌を抜かれたあげくの地獄行きは免れません。聞くところによると、極楽というところは蓮の葉っぱの上に座って、美しい景色を眺め、迦陵頻伽《かりょうびんが》という鳥のさえずりを聞いたり、天女の奏でる美しい音楽に耳を傾けたりして過ごすのだそうで、退屈そうです。これまた聞くところによると、地獄には池（血の）もあるし山（針の）もあるし、少々熱めのお風呂（釜茹で）もあるそうです。そっちのほうが変化に富んでいて楽しそう、なんて地獄行きを免れない者の負け惜しみです。

『においの値段』

むがぁし　まずあったと。
あるとこに　一人の旅人いてなぁ
昔のことであったから　ほれ
むすび三つ腰さぶらさげて
ほぉで旅に出かけて行ったんだと
時計があるわけでもねぇから　お天道様《てんとさま》が
真上になった時に
「あぁ　そろそろ昼だなぁ
　ほんじは昼飯にするか」
となって　ずねぇ(大きな)木の
まぁ木陰で飯食うか　と思って
座ってにぎりめしを　こう出した時に
「すう〜ん」(においを嗅《か》ぐように)
なにやら　いいにおいがしたんだと
「すう〜ん　あーぁ　いいにおいだ
　これはうなぎの蒲焼きのにおいだ
ほぉだ　ほんじはこれ　昼飯は
うなぎの蒲焼き食いながら
　食うことにするべ」
いったん出したにぎりめし
またしまってな　ほぉで

「すう〜ん
あぁ　こっちの方からにおってくる
すう〜ん
あぁ　こっちの方からにおってくる
すう〜ん　あぁ　こっちだなぁ
すう〜ん　あぁ　こっちだなぁ」
と　においをたよりに歩いていくと
一軒のうなぎ屋の前に出たんだと
うなぎ屋の亭主というのはなぁ
たれつけたうなぎを火の上にこう並べて
ずねぇうちわで
パタパタパタパタとあおぎながら
においをそこら中にまき散らして
お客を集めるんだそうだけんども
そうやって　その旅人もにおいにつられて
うなぎ屋の前まできたわけだ
ほぉで　懐《ふところ》から財布出して
銭払ぁべと思ったとこでちょこっと考えた
いや　今日
旅が始まったばかりだ
これから先　なにぃ起こるかわかんねぇのに

こぉだとこで　うなぎなんぞ買って
無駄な銭使ったではなんねぇ
今日のところはこれ　銭は払わねぇで
うなぎのにおいだけ嗅いで
においをおかずにして
にぎりめしを食うことにするべ
と　そう決めて財布をしまうとな
にぎりめしを出して
まず　最初のにぎりめしを

パカッと半分に割って
その半分を
ポンと口に入れると
鼻の穴ずねぇくして
うなぎ屋の前を
「すう～～～ん」

と　こうやって歩いてなぁ
「すう～～～ん
むしゃむしゃ　ごっくん
あぁ　うまかった」
残りの半分を
またポンと口に入れると
「すう～～～ん」
と　においを
嗅ぎながら戻って
「むしゃむしゃむしゃ　の　ごっくん
あぁ　うまかった」
ふたつめのにぎりめしを出すと
またパカッと割って
半分を口に入れると
「すう～～～ん　すう～～～～ん
あぁ　いいにおいだった
むしゃむしゃむしゃ　の　ごっくん」
残りの半分を口に入れると　また
「すう～～～ん」
とやって
「むしゃむしゃむしゃ　の　ごっくん」
みっつめのにぎりめしを出すと
またパカッと割って
半分口に入れるとなぁ
「すう～～～ん
むしゃむしゃむしゃ　の　ごっくん」

ほぉで　残りを口に入れると
「これ　最後の半分だからなぁ
　今度はゆっくりと　よく味わっていくべ」
ということになって
鼻の穴ずねぇくして
ほぉで　ゆっくり　ゆっくり歩いて
「すう～～～～～～ん」
ゆっくり　ゆっくり　ゆっくり　ゆっくり
「すう～～～～～～～～ん」
ゆっくり　ゆっくり　ゆっくり　ゆっくり
「すう～～～～～～～～～～～～ん
　むしゃむしゃむしゃむしゃ　の　ごっくん」
ほぉで　にぎりめしを　みっつとも食って
「いやぁ　うまかった
　いやぁ　おいしいおかずであった」
と言いながら
　旅に出かけるべぇ
と　立ち上がったれば
うなぎ屋の中から亭主が出てきてなぁ
「もうし　旅のお方　おめえさまは
旅のお方だから
わからねぇかもしらねえけんど
おら家《え》のうなぎは
たいそう旨《うめ》ぇうなぎだから
これ　におい嗅いだだけでも
銭もらぁことにしている　今見てれば

おめえさまは行ったり来たり
行ったり来たり
六回ほど　この
おら家《え》のにおい嗅いでいきなさったから
六文いただきやす」
と　こうやって手ぇ出すんだと
「いやいや　まぁ　所《ところ》変われば品変わる
というけれど
うなぎのにおい嗅いだだけで
銭払わねっかなんねぇ所もあるのかなぁ
ほんじは仕方ねぇ
所の習慣《ならわし》つうことも　あっぺなぁ」
とか言いながら
男が　懐から財布を出したもんで
うなぎ屋の亭主は　横むいて
ペロッと舌出しながらな
「ばかな奴よのぅ　ちょっとからかってやっぺ
　と思ったれば　本気にして
　銭出す気でいるわ
　くれるつうものは　まぁ　もらっておくべ」
こうやって　手ぇ出していたればな
その旅の男は懐から財布を出すと
我がの手の中に　まず　一文
それから二文　三文　四文　五文
六文入れると
こうしてなぁ　手を合わせて

「おらも　おめえさまのうちの
うなぎのにおいだぁけ嗅がせてもらったから
ほんじは　おらも
銭の音だけ聞かせっから」
となって
　ちゃりん　ちゃりん　ちゃりん
　ちゃりん　ちゃりん　ちゃりん
と　六回振ってから
「ほんじは　まず」
となって　旅に出かけていったと。

―おしまい―

『においの値段』こんなふうに語っています

このおはなしのおもしろさはにおいの値段の解決方法なのですが、幼稚園や低学年の子どもたちは、そのことより、私が鼻の穴を大きくして、にぎりめしをほおばりながら、うなぎ屋の前を行ったり来たりする場面を喜びます。ですから私はその場面を6回、丁寧に語るようにしています。実はこのおはなしを文字にするとき悩んだのが、蒲焼きのにおいを嗅ぐ「音」です。私はスーハーと深呼吸をするときの「スー」のような音を引き延ばし、なるべくたくさんにおいを吸い込むようにして、ときには手をうちわにしてにおいを鼻のほうに寄せたりしながら、行ったり来たりするのですが、この「スー」を文字にするのに、ああでもないこうでもないと悩みました。まぁそれぞれのスタイルで語ってくださればいいのですが、音を文字にする難しさを感じました。保育園や幼稚園で語るときには、おむすびを3つ作るところも動作を加え、一緒に歌いながら作って、それから出かけます。

私はこのにぎりめしのことを普通は「おむすび」と言っています。年配の人にはおむすび派が多く、若い人はおにぎり派が多いような気がします。「むす」というのは「形になっていないものをしっかりした形にしていく」というような意味で、「むす子」は息子だし「むす女」は娘です。私に昔ばなしを語ってくれた遠藤登志子さんに言わせれば、おむすびころりんと転がっていくぐらいかたいのが「むすび」で、お寿司屋さんが握る程度なのが「にぎり」だそうです。あなたはおむすび派？　それともおにぎり派？

おはなしおばさんの終わらない話

　これと同じような話があちこちの国にあるそうで、アメリカの語り手フランさんが語ってくれたのは、パン屋が、においを嗅いだお客にお金を請求する話でした。けれど、それは裁判所に訴えて、賢い裁判官が賢い判断をしたというものになっています。西洋で語られる似たような話には、たいてい裁判官が介入するそうで、当人同士で解決するのは珍しいと、フランさんがおもしろがってくれて、アメリカでも私に語れと言うので、あちらの子どもたちに語ったのですが……。子どもたちはコインを鳴らすというその解決方法をおもしろがる前に、うなぎの蒲焼き（barbecue eel）に拒絶反応。「そんなもん食えるのかよー」という顔になってしまったので、途中からうなぎの蒲焼きの説明になり、日本人がどれだけ好きかという話になってしまいました。私がうなぎをさばいたり、たれをつけて焼いたり、うちわであおいだりという動作をしてみせれば、フランさんがその説明をしながら、おいしそうに食べるまねをするという連携プレーのおかげで「機会があれば日本に行って、ウナギノカバヤーキを食べてみたい」という子が続出、別の意味で楽しい会になりました。

　実は私、うなぎの蒲焼きは好きじゃないのです。でも、たれの焼けるあのにおいは好きです。コーヒーも、飲むのは苦手ですが、あの香りは大好きです。「におい松茸、味しめじ」という言葉もありますが、確かに松茸は、食べるよりあのにおいに値がつくのでしょう。めったに口にすることのできない私ですから、松茸売り場の前でにおいを嗅ぐだけということも多く、負け惜しみに聞こえるかもしれませんが、松茸は食べなくてもにおいだけで充分、においだけで秋を満喫することもできます。おそばやパンは食べるのも好きですが、バス停の前のパン屋さんや、駅のおそば屋さんのにおいは、バスや電車を待つ間、たっぷり楽しませてもらっていますので、密かにコインを鳴らして「代金」を払っております。

遊び

自己紹介遊び

遊び方

積み重ね歌のように、隣の人の自己紹介のあとに自分の紹介を続けます。
※自分を入れて３人までの紹介をするというルールです。

❶「りんごのすきな あけみです」

▼

❷「りんごのすきな あけみちゃんのとなりの、あやとりがとくいな さやかです」

▼

❸「りんごのすきな あけみのとなりの、あやとりがとくいな さやかのとなりの、さかあがりのできる よしおです」

▼

❹「……あやとりがとくいな さやかちゃんのとなりの、……えーと」

❶
りんごの すきな あけみです
❷
りんごのすきな あけみちゃんのとなりの、あやとりがとくいな さやかです
❸
りんごのすきな あけみのとなりの、あやとりがとくいな さやかのとなりの、さかあがりの できる よしおです
❹
……あやとりが とくいな さやかちゃんの となりの、……えーと
カンタン カンタン
えーと えーと
つぎ、オレ…
わーわー どうしよう
ぶつぶつ

『子守泥棒』

むがぁし　まずあったと。
あるとこに　ひとりの泥棒いてなぁ
腹ぁへってしゃぁねぇから
どこぞで　米でも盗んでくっかと
こっちの家ぇ覗ってみたれば
婆様が留守居しったんだと
そっちの家ぇ覗ってみたれば爺様がいたと
留守居のいるうちはへぇらんにぃ
したれば　こっちの家は　なじょったかなぁ
と開けてみたれば
その家はだぁれもいねぇようだったんだと
したが家の中さいなくても
庭さいっかもしんねぇから
庭のほうさ行ってみたれば
年ぃとった爺様と婆様が畑仕事してたと
のんびりした仕事ぶりであったから
いましばらくかかっぺ
その間に盗んでくっぺと
抜き足　さし足　忍び足
米びつ見つけて　ふたぁ開けると
ふところからきったねぇ袋を出してなぁ
米びつから米ぇしゃくって
入れるべぇとしたれば
隣の部屋で
「ほおんぎゃぁ　ほおんぎゃぁ」
と　赤子《ややこ》が泣いたんだと
いやいや　てぇへんだ
あだ　ずねぇ（大きな）声で泣かっちゃでは
庭の爺様と婆様に聞こえてしまう
ほぉで　泥棒は　急いで　隣の部屋さ行ぐつうと
「べろべろべろ　べぇ　べろべろべろ　べぇ
いないいない　ばぁ　いないいない　ばぁ」
とあやしたと
したっけ　赤子がにこぉーと笑った
いまのうちにと　また

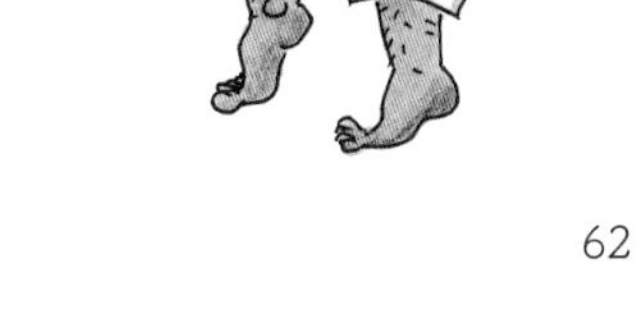

『子守泥棒』
こんなふうに語っています

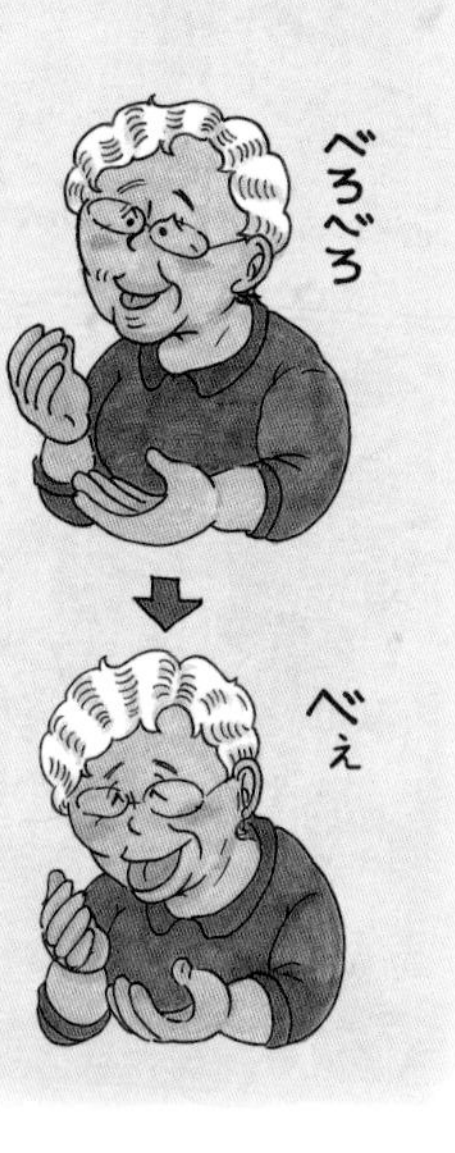

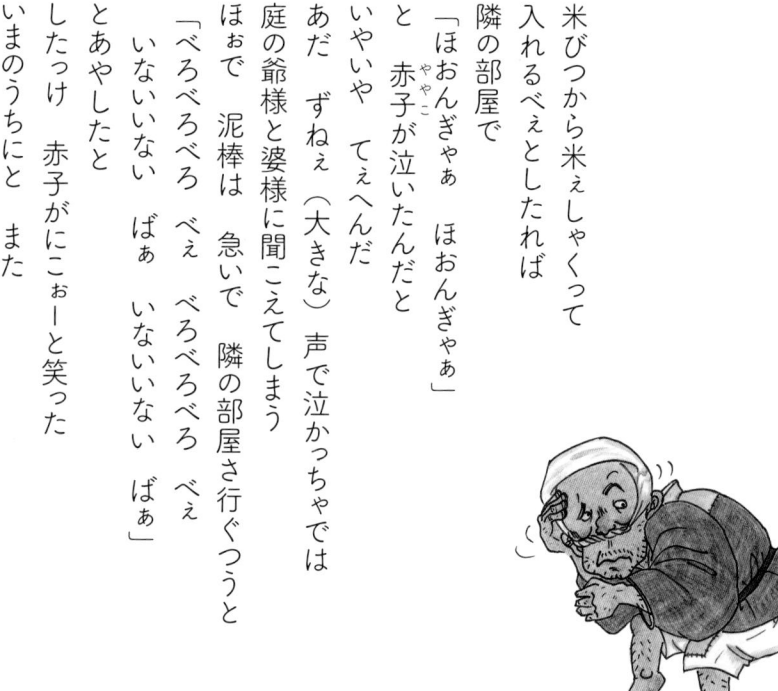

抜き足　さし足　忍び足
米ぇしゃくって入れるべぇとしたれば
「ほおんぎゃぁ　ほおんぎゃぁ」
いやいや　てぇへんだ
泥棒は 急いで隣の部屋さ行ぐつうと
「べろべろべろ　べぇ　べろべろべろ　べぇ
いないいない　ばぁ　いないいない　ばぁ
かいぐりかいぐり　とっとのめ
かいぐりかいぐり　とっとのめ
ちょうちぃちょうちぃ　あわわわわ
ちょうちぃちょうちぃ　あわわわわ」
したれば　赤子がにこっと笑った
いまのうちにと　また
抜き足　さし足　忍び足
米ぇしゃくって入れるべぇとしたれば
「ほおんぎゃぁ　ほおんぎゃぁ」
いやいや　てぇへんだ
泥棒は 急いで隣の部屋さ行ぐつうと
「べろべろべろ　べぇ　べろべろべろ　べぇ
いないいない　ばぁ　いないいない　ばぁ
かいぐりかいぐり　とっとのめ
かいぐりかいぐり　とっとのめ
ちょうちぃちょうちぃ　あわわわわ
ちょうちぃちょうちぃ　あわわわわ
おつむてんてん　ひじとんとん
おつむてんてん　ひじとんとん

これは、泥棒が赤ちゃんをあやす、そのあやし方が楽しいおはなしです。泥棒が米びつから米をしゃくって袋に入れようとすると赤ちゃんが泣く、あわてて赤ちゃんのところに行ってあやす、そのあやし歌は、赤ちゃんが泣くたびにひとつずつ増えていく仕組みになっていますから、聞き手はその繰り返しを楽しみながら、あやし方を覚えていくというわけです。このおはなしに出てくるあやし方を紹介します。

赤ちゃんが泣くたびに泥棒があやしに行く場面は、「べろべろべぇ」で1回、「いないいない ばあ」で1回、「かいぐり かいぐり とっとのめ」で1回、「ちょち ちょち あわわ」で1回、「おむつてんてん ひじとんとん」で1回、「あがりめ さがりめ」で1回と、忙しく行ったり来たりしたほうが、子どもたちは喜んでくれます（大人は飽きますが）。

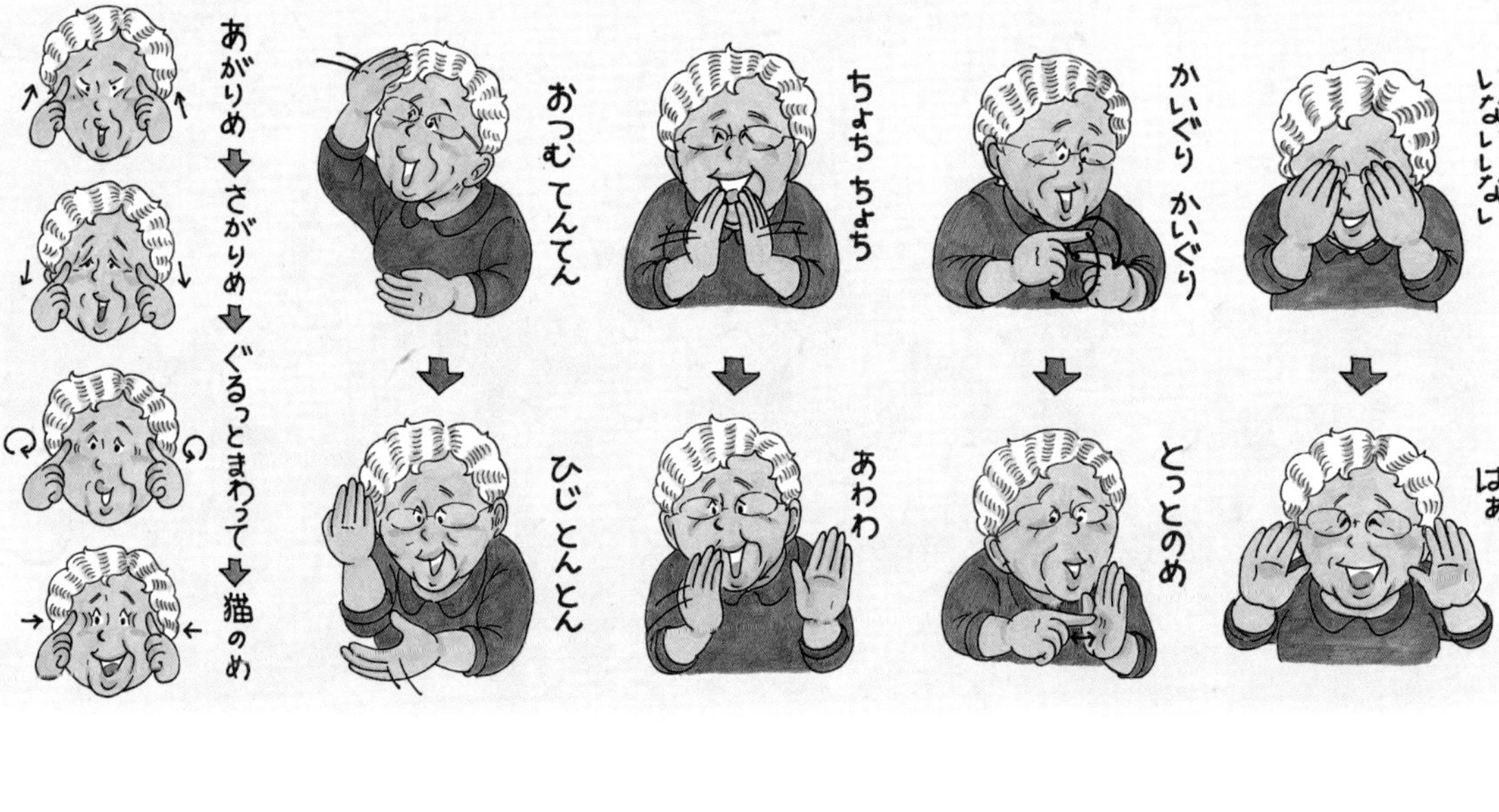

あがり目のさがり目
　ぐるっとまわってにゃんこの目」
したれば　赤子がにこっと笑った
いまのうちにと　また
抜き足　さし足　忍び足
米ぇしゃくって入れるべぇとしたれば
「ほおんぎゃぁ　ほおんぎゃぁ」
いやいや　てぇへんだ
泥棒は急いで隣の部屋さ行ぐつうと
赤子を抱き上げて
「ねんねんよぉ　ねんねんよぉ」
とゆすったけんど　まぁだ泣きやまねぇ
紐ぉ見つけておんぶして
「ねぇんねぇん　ころりよ　おころりよぉ
　ぼうやはいい子だ　ねんねしなぁ」
と　赤子ぉおぶって
部屋の中をぐるぐる回って
寝かしつけていたと
したれば　そこさ　爺様と婆様が戻ってきた
泥棒はたまげてしまったんだけんど
婆様は
「あららら　まず
　どなた様だか　わからねぇけんども
　おら家《え》の赤子の子守してくっちゃのがン
　ありがとうござりやした。
　おかげで仕事も片付いたし
　なにか礼したいけんど……
　あら　なじょったわけだか
　ちょうど米びつのふたぁ開いてる
　米でも持ってってもらいやすべ」
となって　婆様は　新しい袋持ってくると
米びつから　米いっぺぇ入れて
ほぉで　泥棒の背中から　赤子下ろすと
その代わりに　米の袋しょわせてやったと

―おしまい―

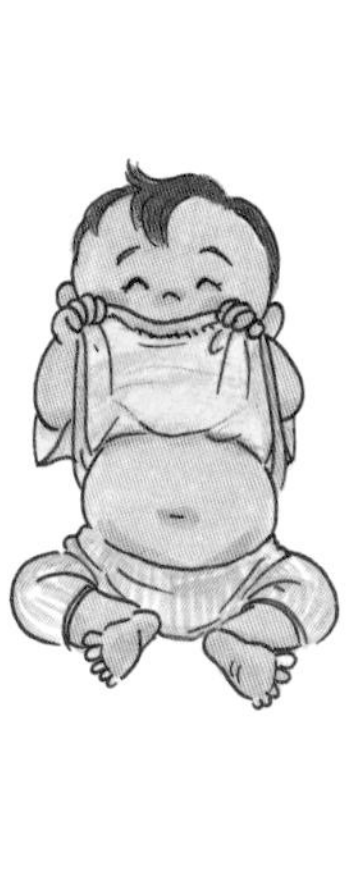

おはなしおばさんの終わらない話

「いないいないばあ」でほんのちょっと孤独を味わった赤ちゃんが、少し大きくなると「かくれんぼ」をします。この「かくれんぼ」も大事な遊びだと思っていますが「かくれんぼ」だけではありません。子どもにとって「孤独になる時間」が、大事なのです。テレビが出現する前は、夕方が子どもの孤独の時間でした。友だちと別れて寂しい、用もないのになんとなくお母さんにまとわりついていたい、でも夕方の忙しい盛りで邪険に扱われたりする。兄や姉も仕事や勉強に忙しくて相手をしてくれない、そんなとき幼い子どもも「孤独」を感じ、「内省的」になり、もっと言えば「哲学的」になる時間でした。

幼い子どもは「家出」もします。『ピーターのいす』（作／キーツ　偕成社）のピーターは、赤ちゃんのときに使っていたイスを、お父さんが勝手に妹のためにピンクに塗り替えているのを見て、窓の下に「家出」します。『フランシスのいえで』（作／ラッセル・ホーバン　好学社）のフランシスは、両親が赤ちゃんばかりかわいがっているような気がして、机の下に「家出」します。私も子どものころ、裏山の桜の木によく「家出」しました。狭い家に12人も住んでいた大所帯でしたから、ひとりになりたいことがあると、桜の木に登ってお姫さまになったり孤児になったり、あれこれ想像して楽しみました。でも寂しくなるとすぐ家に戻りました。そこにはたくさんの家族がいて、当たり前の日常がありました。

子どもには「孤独」「孤独な時間」が必要です。けれど子どもの「孤独な時間」は、本人がやめたいと思ったら、すぐやめられなければなりません。家出したピーターやフランシスの両親も、本人が傷つかないようなかたちで、呼び戻してくれました。

「いないいない」はほんの2、3秒ですし、「かくれんぼ」は数分の孤独です。年齢によって「孤独」の種類や時間は違いますが、子どもにとって「孤独」な時間は必要です。

『橋役人』

むがぁし　まずあったと。
あるところに　たいそう酒の好きぃな爺様《じさま》
おらってなぁ。したが
なにしろ貧しい爺様であったから
いつもいつも　酒飲むわけにいかねぇ。
せっせこ　せっせこ　稼いで
銭こ　このぐれぇ貯めて
このぐれぇ貯めて
このぐれぇ貯まると　町の酒屋さ
買いに行くんだと。
からっぽの徳利《とっくり》　かかえて
懐さ　銭こ　入れて
隣の町の酒屋まで　行くわけなんだけんど
隣の町に行く境に　川ぁ　あって
そこに橋あって　その橋に
橋役人っていうお役人様が　見張りしてたんだと。
怪しい者が　出たり入ったりしねぇか
見張ってたんだべなぁ。
爺様は　そのお役人様に　朝ま
「おはようございやす」
と　挨拶して行くっつうと　お役人様
「ん」
と　こう言うだけ。
ほぉで
酒屋さ行って
酒　徳利いっぺぇ
入れてもらって
重たくなった徳利
かかえて
にこたにこた　帰《けぇ》って来て
その橋渡ろうとして
お役人様に
「ごくろうさまで　ございやす」
と　こう頭下げて
帰るべぇと思ったら
お役人様が　こう言うんだと。
「こら　じじい　おめぇは　怪しくねぇ
おめぇはこの村の爺様だっつうこと
おら　よく　わかってる　したが
その徳利の中身が怪しい　吟味いたす　よこせ」
「いえいえ　これは
怪しい物ではございやせん。

これはただの酒でござりやす」
「いや　ほんとに酒かどうか
　怪しいもんだ　吟味いたす　よこせ」
そうゆって　爺様の手から　徳利
ひったくるようにしてなぁ
ほぉで蓋をポンと開けると
ぐびぐびぐびぐびぐびぐびぃーと
まぁ　あらかた　飲んじまってから
「ん　確かに　酒であった　怪しくねぇ」
そうゆって　返《けえ》してよこしたと。
爺様は　ほれ
役人様には　たてつくわけにいかねぇし
そのまま家さ帰って
これっぱかし残った酒　ぐびらぁーと
飲んじまうと　又
せっせこ　せっせこ　稼いだと。
銭こ　このぐれぇ貯めて
このぐれぇ貯めて
このぐれぇ貯めて
やっと又　酒　買いに行くことにしたと。
からっぽの徳利かかえて
銭こ　懐さ入れて
ほぉで又　隣町の酒屋さ　行くわけなんだが
朝ま　その橋渡る時に
「お役人様　おはようござりやす」
と挨拶すると　お役人様は
「ん」
と　言うだけ。
ほぉで又　徳利いっぺぇ　酒入れてもらって
にこにこたしながら　帰ってくると
その橋渡る時に
「お役人様　ごくろうさまでござりやす」
と　挨拶する。すると　お役人様が
「こら　じじい　おめぇは　怪しくねぇ
おめぇはこの村の爺様だっつうこと
よくわかってる　したが　その徳利の
中身が怪しい　吟味いたす　よこせ」
ほぉで　爺様　考《かんげ》えた。
　これ　酒だなんてゆったでは
　飲まれっちまうから
「えぇーと　えぇーと　この徳利の中身は
　しょんべんで　ござりやする」
したれば　お役人様
「しょんべんとな　いやぁ
　しょんべんかどうか　吟味いたす　よこせ」
となって　まぁ　無理矢理　爺様から
徳利　ひったくるように　横取りすると
蓋を　ポンと開けて
ぐびぐびぐびぐびぃ
ぐびぐびぐびぐびぐびぃー
と　あらかた　飲んでしまって
「ん　たいそううまい　しょんべんであった」

と　言いながら　返してよこしたと。
爺様は　お役人様には　たてつくわけにいかねぇし　泣きの涙で帰って来て
家さ戻ると　このくれぇ残っていた酒なぁ
ぐびらぁと　飲んじまった。
ほぉで又　せっせこ　せっせこ稼いだと。
銭こ　このぐれぇ貯めて
このぐれぇ貯めて
このぐれぇ貯まったところで　又
酒買いに行くことにしたと。
からっぽの徳利　かかえて
懐さ　銭こ入れて
ほぉで　隣の町さ行くんだけんども
朝ま　その橋　通る時　お役人様に
「おはようござりやす」
と言えば　お役人様は
「ん」
と　言うだけ
ほぉで　隣の町の
酒屋の手前まで行ったんだけんども
そこで　爺様　考えた。
これ　しょんべんだ　とゆっても
飲まれてしまうんだから
今日は　ひとつ　本物を入れてみるか
ということになって
目の前に　徳利を置くとなぁ
裾をはだけて
じょぼじょぼじょぼじょぼぉー
と入れたんだと。ほぉで
その徳利　かかえて　又　戻ってきた。
「お役人様　ごくろうさんでござりやす」
と　言いながら
その橋　渡るべぇとすると
お役人様が　またぁ
「こら　じじい　おめぇは　怪しくねぇ
おめぇは　この村の爺様だっつうことは
おらぁ　よくわかってる。
したが　その徳利の
中身が怪しい　吟味いたす」
そこで　爺様
「あのぉ　これは　そのぉ
しょんべんでござりやす」
「ん　先日も　しょんべんであった。たいそううまい
「いえいえ　今日は　ほんとに
ほんとの　しょんべんで　ござりやす」
「いや　構わん　よこせ」
「いえ　ほんとの　しょんべんで　ござりやす」
「いや　構わん」
とまぁ　爺様とお役人様と
もみ合ったんだけんど
とうとう　無理矢理　取り上げると

その蓋を　ポンと開けて
一口　ぐびぃと　飲んだとこで
「ぺっ　ぺっ　ぺっ」
黙って　その徳利　返すとなぁ
それから先
爺様が　酒買いに行くっつっても
徳利の中身　吟味いたす
とゆわなくなったんだと。

—おしまい—

『橋役人』
こんなふうに語っています

内容があまり上品ではないので、語るときは、そのぶんさらっと上品（？）に語ります。徳利は、お酌するときの徳利ではなく、お酒を買いに行くときに持っていく、1升（1.8ℓ）ぐらい入る、通称貧乏徳利です。今はお酒もパックで売っていますが、昔は容器を持っていって（ここで徳利の絵を見せるとわかりやすい）、酒屋の大きな樽から分けてそれに入れてもらった、ということを話しておくと、子どもたちも昔の暮らしを想像しやすくなるでしょう。

1回目も2回目も3回目も、朝、爺様が「おはようございやす」と挨拶すると、役人は「ん」と言うだけです。そこは3回とも同じなのですが、省略しないで、毎回「おはようござりやす」「ん」とやりとりします。帰りも「こら　じじい……」という役人の言葉は、省略せずに語ります。同じ言葉なのですが、聞き手の子どもたちは、「また言うぞ、また言うぞ、ほぉらね」という気持ちで聞いていますから、きちんと繰り返して語ります。

爺様の言葉は、2回目のときは躊躇《ちゅうちょ》しながら「えぇーと　えぇーと……」と、言い逃れの言葉を探すように少しじらします。3回目がむずかしいところで、「しょんべんでござりやす」と言って徳利を渡すまいとしながらも、本当は役人に飲ませたい爺様ですから、そのあたりをうまく語れるとおもしろいかと思います。

このおはなしは殿方が語ってくださると、一層おもしろくなるかと思うのですが、いつだったか、50歳ぐらいの方がこのはなしをされたとき「じょぼじょぼじょぼ」のところを、真に迫って（？）身ぶり手ぶりで語ってくださったものですから、あまりにホンモノすぎて、ちょっと目をそらせたくなりました。そこまでしなくても、子どもたちはちゃんと想像して笑ってくれますから、それこそさらっと語ったほうがいいようです。

イスに座ったまま語ってもいいのですが、私は徳利を抱えるふりをして2〜3歩、歩きます。役人のいる橋で一度立ち止まって、役人とやりとりをして、また2〜3歩、歩いて酒屋に行くようにしています。

おはなしおばさんの終わらない話

　身分の高い人と身分の低い人、どちらが賢さを必要としたかといえば、身分の低い人たちです。役人と村人なら村人が、和尚さまと小僧なら小僧が、嫁と姑なら嫁が、旦那と小作なら小作が、立場の上の人になんとかこちらの言い分を聞いてもらいたいと思ったら、言いたいことをそのまま言ったのでは、まずかないません。相手の言葉を否定するのではなく、相手の言葉にのったふりをしながら、相手をギャフンと言わせるわけです。重箱の『蛙ぼたもち』（P34）のおはなしでは、ぼたもちを嫁に食べさせたくない姑が、ぼたもちにカエルになれと命じます。嫁は姑のその言葉を実行し、ぼたもちは自分の腹に、重箱にはカエルを入れておきます。姑は文句の言いようがありません。この『橋役人』でも、爺様が「しょんべんだ」と言っているのに、飲ませろと言ったのは役人ですから、文句の言いようがありません。別のおはなしでは、大きなべんとうで飯をたらふく食べる小作に「べんとうが仕事をしているようなものだ」と旦那が皮肉を言えば、小作はべんとうを鍬《くわ》にくくりつけて昼寝をしてしまいます。叱られれば、べんとうが仕事をしていると思ったと開き直ります。旦那は謝らざるを得ません。愚か村のおはなし（昔ばなしのジャンルのひとつ）も、村人は愚かなふりをして、威張っている役人をへこませるのです。本当に愚かなのは役人で、愚かなふりをしている村人は賢いのです。

　こういう手法は、現代に生きる私たちだって使えます。会社員なら上司に何か言われても、学校や園の先生なら親に何か言われても、子どもなら親や先生に何か言われても、知恵をしぼってうまく切り返しましょう。

　まっすぐものを言えばいいというわけではありません。正面から言ってもだめなら、からめ手でいきましょう。表から言ってもだめなら裏から言ってみましょう。そういう知恵が、昔ばなしの中にはたくさん詰まっているのです。それを使わないのはもったいないことです。

手遊び

ひらいてとじて

「あけたお口に」で口を大きくあけて、「入れちゃだめ!」と急いで両手を隠すと子どもたちは喜びます。

A1「ひらいて とじて ひらいて とじて」

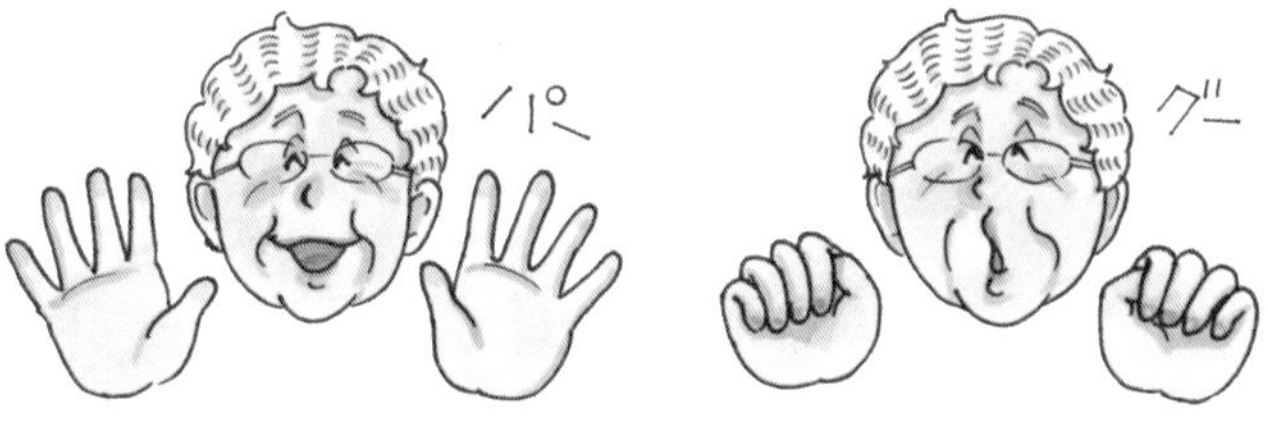

言葉を唱えながら手を開いて閉じてを2回繰り返す

A2「ひらいたその手をパチン」

手を開いてから、手を打つ

A3 A1をもう1回する。その後、**「ひざの上」**

A1を
もう1回
してから
ひざの
上に手を
おく

B1「のぼって×4」

交互に手を下から上においていく

B2「あごまできたら」

あごに片手をあてる

B3「あけたお口に……」

片手を
口に入れる
ふりをして

もう一方の
手は、あごに
あてたまま

B4「入れちゃだめ!」

すばやく両手を後ろに隠す

A B A B と何回か繰り返し、
A3の**「ひざの上」**
で終わり

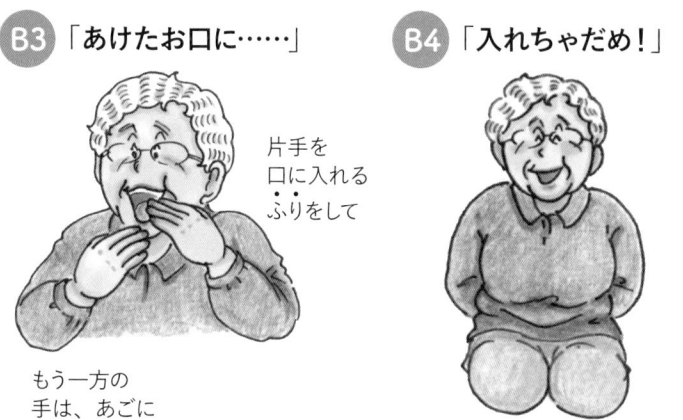

『ソーディサルレイタス（ふくらし粉）』

昔　森の中の小さな家に、
おばあさんと　おじいさんと
男の子と　女の子と　リスが居て、
リスはみんなにかわいがられていました。
ある日おばあさんは
おいしいビスケットを作ろうと思いました。
棚から小麦粉と　お砂糖と塩と　バターと
ミルクとふくらし粉の箱を取りました。
ところが　ふくらし粉の箱はカラッポでした。
「まぁ ついてないこと　ふくらし粉がないわ
ふくらし粉がなくちゃ　石みたいにかたい
ぺっちゃんこのビスケットしかできないわ」
すると男の子が言いました。
「おばあちゃん　ぼく町に行って
ふくらし粉買ってくるよ」
「森の中を通って行くんだよ　一人でこわくないかい？」
「うん　だいじょうぶ」
そう言うと男の子は歌いながら
道を歩いていきました。

♪ソーディ　ソーディ
ソーディサルレイタス
ソーディ　ソーディ
ソーディサルレイタス

男の子は町の雑貨屋さんに着くと
「こんにちは
おばあちゃんが使うんですけど
ふくらし粉ありますか？」
「ええ　ありますとも」
お店の人は男の子にふくらし粉の箱を渡しました。
男の子はお金を払うと
「ありがとう」
と言って、また歌いながら帰っていきました。

♪ソーディ　ソーディ　ソーディサルレイタス
ソーディ　ソーディ……

けれども森の中には大きな腹ぺこ熊がいて
ビッグ……　ハングリ……　ベア！
と出てきました。
「ガオー　おれさまは腹ぺこだぁ

キャラクターに合わせて音程を変える

ソーディサルレイタス

フラン作詩作曲

So - dy, So - dy, So dy Sal - er - a - tus.
ふー ふー ふー ふー ふ く ら し こ よ

おまえをふくらし粉の箱ごと
ひと呑みにしてやろう」
と言うと、
パクリ　ゴックンと
男の子を呑み込んでしまいました。
森の中の家では
おばあさんと　おじいさんと
女の子と　リスが待っていました。
「おばあちゃん　お兄ちゃんは
おつかいを　忘れちゃったのよ
私探しに行ってくるわ」
「森の道を通って行くんだよ
一人でこわくないかい？」
「ええ　だいじょうぶよ」
そう言うと女の子は
歌いながら道を歩いていきました。
♪ソーディ　ソーディ　ソーディサルレイタス
ソーディ　ソーディ　ソーディサルレイタス
（かわいい声で歌う）
女の子は　町の雑貨屋さんに着くと
聞きました。
「こんにちは　お兄ちゃんここに来ました？」
「ええ　来ましたよ」
「おばあちゃんのために
ふくらし粉を買っていきました？」
「ええ　買っていきましたよ」
「そう　でも　どこ行っちゃったのかしら？」
「さあ　そこまではわかりませんけどねえ」
「そうよね　ありがとう」
女の子は歌いながら帰っていきました。
♪ソーディ　ソーディ　ソーディサルレイタス
ソーディ　ソーディ……
けれども森の中では
さっきの腹ぺこ熊が待ち受けていたのです。
ビッグ……　ハングリ……　ベア！
と出てきました。
「ガオー　おれさまはさっき
男の子とふくらし粉を食ったばかりだが
まだ腹ぺこだぁ　おまえもひと呑みにしてやろう」
と言うと、
パクリ　ゴックンと
女の子を呑み込んでしまいました。
さて森の中の家では　おばあさんと　おじいさんと
リスが待っていました。
「あの子たちは　きっとおつかいのことなんか忘れて
遊んでいるんだろう
どれわしが探しに行くとするか」

おじいさんは歌いながら道を歩いていきました。
♪ソーディ　ソーディ　ソーディサルレイタス
ソーディ　ソーディ　ソーディサルレイタス
（低い声で歌う）

おじいさんは町の雑貨屋さんに着くと
「うちの孫たちを見なかったかね？」

「ええ　ちょっと前にみえましたよ」

「それで　孫たちはふくらし粉を持っていったのかね？」

「はいはい　坊ちゃんが持っていきましたよ」

「そうかね　で　あの子たちは
どこに行ったんだろう？」

「さあ　そこまではわかりませんけどねえ」

「それもそうだな　わしが探してこよう
いやありがとう」

おじいさんは歌いながら帰っていきました。

♪ソーディ　ソーディ　ソーディサルレイタス
ソーディ　ソーディ……

けれども森の中では
さっきの腹ぺこ熊が待ち受けていたのです。
ビッグ……　ハングリ……　ベア！
と出てきました。
「ガオー　おれさまは　さっき
女の子と男の子とふくらし粉を食ったばかりだが
まだ腹ぺこだぁ　おまえもひと呑みにしてやろう」
と言うと、
パクリ　ゴックンと
おじいさんを呑み込んでしまいました。

さて森の中の家では　おばあさんと
リスが待っていました。
「しょうがないわねぇ　やっぱり私が
買いに行かなきゃならないみたいね」
おばあさんは歌いながら道を歩いていきました。
♪ソーディ　ソーディ　ソーディサルレイタス
ソーディ　ソーディ　ソーディサルレイタス
（せかせかと歌う）

おばあさんは町の雑貨屋さんに着くと
「うちのおじいさんと孫たち来なかったかしら？」

「ええ　つい先ほどおみえになりましたよ」

「それで　ふくらし粉を持っていったのかしら？」

「はいはい　坊ちゃんがお持ちになりましたよ」

「そう　で　あの人たちは
どこに行っちゃったのかしら？」

「さあ　そこまではわかりませんけどねえ」

「そうよね　探してくるわ　お世話さま」

おばあさんは歌いながら帰っていきました。

♪ソーディ　ソーディ　ソーディサルレイタス
　ソーディ　ソーディ……

けれども森の中では　さっきの腹ぺこ熊が
待ち受けていたのです。
ビッグ……　ハングリ……　ベア！
と出てきました。
「ガオー　おれさまは　さっき
じいさんと女の子と男の子とふくらし粉を
食ったばかりだが　まだ腹ぺこだぁ
おまえもひと呑みにしてやろう」
と言うと、
パクリ　ゴックンと
おばあさんを呑み込んでしまいました。

さて森の中の家では　リスがたった一匹。
リスはリス語で言いました。
「（男の子も行ったきり帰ってこない
女の子も行ったきり帰ってこない
おじいさんも行ったきり帰ってこない
おばあさんも行ったきり帰ってこない
私が行くしかないわ）」
リスは歌いながら道を歩いていきました。

♪ソーディ　ソーディ　ソーディサルレイタス
ソーディ　ソーディ　ソーディサルレイタス

（リス語で歌う。以下、カッコ内リス語）

リスは町の雑貨屋さんに着くと
カウンターに飛び乗って　聞きました。

「（うちの人たち来ませんでした？）」

「ええ　ちょっと前にここにみえましたよ」

「（それで　ふくらし粉を持っていきましたか？）」

「はいはい　坊やが持っていきましたよ」

「（そう　みんなはどこに行っちゃったんでしょう？）」

「さあ　そこまではわかりませんけどねえ」

「（探してみます　ありがとう）」

リスは歌いながら帰っていきました。

♪ソーディ　ソーディ　ソーディサルレイタス
　ソーディ　ソーディ……

けれども森の中ではさっきの腹ぺこ熊が
待ち受けていたのです。
ビッグ……　ハングリ……　ベア！
と出てきました。
「ガオー　おれさまは　さっき
ばあさんとじいさんと女の子と男の子と
ふくらし粉を食ったばかりだが
まだ腹ぺこだぁ　おまえもひと呑みにしてやろう」
けれどリスは木の上に逃げました。
「はっはっはっ　おまえは　おれさまも

木に登れることを知らないな?」
そう言うと熊は木に登ってきました。
リスは細い枝を伝っていくと、
ビョ～ンビョ～ンとはずみをつけて
隣の木に跳び移りました。
「はっはっは　そんな小さな足で
　生意気なことをしやがる　おれならこの大きな足で
　もっと　ましな跳び方をしてみせるぞ」
そう言うと、熊は
細い枝に移ってボヨ～ンボヨ～ンと
枝を大きく揺らしました。
枝はボキンと折れました。
熊は落ちて、おなかがやぶけてしまいました。

おばあさんが跳び出してきました。
おじいさんが跳び出してきました。
女の子が跳び出してきました。
男の子が跳び出してきました。
男の子はしっかりと
ふくらし粉の箱を持っていました。
それからみんなで
森の中の家に帰りビスケットを作りました。
ビスケットができあがって
一番先にもらったのは、そう　リスでした。

—おしまい—

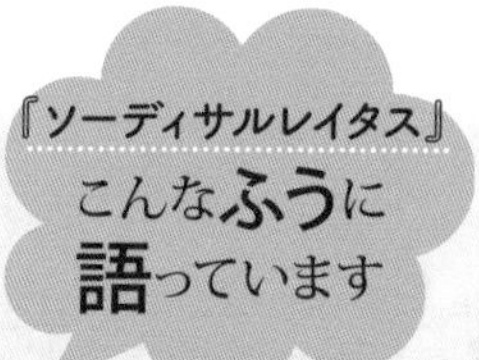
『ソーディサルレイタス』
こんなふうに
語っています

ソーディサルレイタスはわかってもわからなくても、そのまま英語で歌ってしまいますが、腹ぺこ熊が出てくるところでは「腹ぺこ熊のことを英語ではビッグハングリーベアって言うんですって。その熊がね……」と言ってから「ビッグ(小声で)ハングリー(少し大きく)ベア!(大声で)」と言うと子どもたちは喜びます。

リス語は適当でいいのですが、リスになりきって言うのがコツです。そのリス語を雑貨屋さんが理解して、人間語で答えるところがまたおもしろいところです。

ところで私たちがビスケットと言っているのは、かたいイギリス風ビスケットですが、アメリカのビスケットはふわっとした蒸しパンのようなものです。それでふくらし粉が必要になるのです。

ビッグ
ハングリー
ベア!

おはなしおばさんの終わらない話

アメリカのプロのストーリーテラー、フランさんが当時日本にいらした弟さんを訪ねてこられ、ひょんなことから私が『蛙ぼたもち』を語っていた文庫にいらしたのが1993年でした。私が語り終えると即座に「日本語はわからなかったけど、おはなしはわかった！ アメリカの子どもたちにも聞かせたい」と言ってくださったのです。でも私は日本から出たこともなかったし、英語もしゃべれませんでしたから即答はできず、悩んだ末に2年後の1995年、「冥土の土産話」にするつもりで渡米しました。

ところが行ってみたら、私の福島弁の語りをあちらの子どもたちが上手に聞いて楽しんでくれるし、私もすっかりうれしくなって、以来毎年1～2カ月、フランさんと一緒に「アメリカ語り旅」を続けてきました。訪れた州は20州以上、伺った学校は200校以上になるでしょうか。学校だけではありません、図書館や児童館、博物館や教会、語りの祭典などで、数えきれないほどの子どもたちに会い、たくさんのストーリーテラーに会いました。そして必然的にあちらの語りもたくさん聞かせてもらいました。

この『ソーディサルレイタス』は、何人かの語り手が語るのを聞いてきました。同じおはなしでも語り手によって特徴がありそれぞれ楽しかったのですが、フランさんの語りがいちばん親しみやすく、歌も覚えやすかったので、フランさんに書き起こしてもらい、それを訳して語っています。

でも忠実に訳した文章はどうしてもカタいのです。私の語りを聞いた方に「文章と違う」と言われることもありますが、語り込んでいくうちに、私なりの語りになってしまいました。ですからどうぞみなさんもこの文章にとらわれず、ご自分なりの語り口で語ってみてください。

『鬼の面』

むがぁし　まずあったと。
あるとこにたいそう貧しいおっか様と娘が
ふたんじ暮らしったそうでな
おっか様は　ほれ
あたりほとりの縫い物ぉしたり　洗濯してきては
なにがしかの銭ぃもらってきたり
ちんこい畑たがやしたりして
娘に食わしったんだけんとも
長い間の無理が崇《たた》ったんだかなんだか
おっか様　はかはかと稼げなくなってしまったもんで
その幼い娘　山ぁ越えた隣の町さ
奉公に出ることになったんだと　ほぉで
おっか様は　行李《こうり》にその娘の
身の回りの物つめしこんで
それから　いつも柱にかけていた
おたふくの面を　その行李の中に入れてな
「これなぁ　このおたふくの面
おっか様だと思って
いつもこの中さ入れとけや
おっか様は　このおたふくの面のように
いつもにこにことおめぇのこと
見ててやっからな」
そうゆって
そのおたふく入れた行李持たせて
娘は町さ出て来たんだと
ほぉで　町のお大尽《だいじん》の家で
子守奉公してたんだけんどな
まず朝早ぁくから
背中さ　赤子《ややこ》おっつけらっち
ほぉで　ややこおっつけらっちゃまんま
庭掃いたり　しめし（おしめ）洗ったり
ほんじも　まぁその娘は
陰日なたなくよく稼ぐもんで
奉公先のおかみさんにもたいそうかわいがられて
ほぉで娘は　晩方になって　かたづけが全部しまうと
やっと背中のややこ
おろしてもらうんだけんどな
それから娘は　我《わ》がの行李開けて
ほぉで　中のおたふくの面に向かって
「おっか様ぁ　今日も一日　見ててくっちゃがン
あぁ　おっか様は　にこにこしてっから
達者でいらんだべなン」

なんて語って　ほぉで
「おやすみなんしょ」
と　また行李のふたをして
それから床《とこ》に入《へぇ》るのであったと
したが　娘が毎晩毎晩そうやって
行李の中に向かって
ぶつくさ　ぶつくさ語るのを
気味悪く思ったんだかなんだかなぁ
奉公人の仲間が
　あの行李の中さ　何入ってるんだべ
と　娘の見てねぇ時に　こそっと
その行李出して来て　ふた開けて見たんだと
したれば中におたふくの面があった
なぁんだべ　あの娘は
このおたふくの面に向かって
毎晩毎晩　ぶつくさ語ってたのか
おもしぇ娘だなぁ
したがちょこっと　からかってやるべでねぇか
ほぉで　誰が持ってたんだか
鬼の面　そこさ入れて
おたふくの面は　どっかさ隠してしまったんだと
ほぉで　まぁその晩も　娘は
夜のかたづけ終って
背中のややこをおろしてもらって
やれやれとなって
我がの行李　こうしてなぁ　開けてみて

「おっか様ぁ」
とこう覗《のぞ》いてみてたまげてしまった
おっか様　鬼になってたんだと
いやその娘たまげて
　これは　おっか様に何かあったにちげぇねぇ
ほぉで　奉公先のおかみさんに　お暇いただいて
おかみさんが
「山越えて行かねばなんねんだから
　明日《あした》の朝げ　早ぁく発《た》ってったらよかんべ」
というのも　まぁ聞かねぇで
その晩方　そのまんま　鬼の面を懐《ふところ》さ入れると
我《わ》げ家《え》の方に走って出て行ったんだと
山ぁ越えて行く時に　途中で
博打《ばくち》うちがいっぺぇいてな
ほぉで焚き火しながら　その脇で
ジャラジャラポン　ジャラジャラポンと
博打　うってたんだと
娘はその博打うちにめっかさんねえように
こそぉっと　通り過ぎるべぇと思ったんだけんども
やっぱしめっかさってしまってな
「こらぁ　こぉだ夜更けに
　女《おな》ご一人で歩ってるって
　おめぇどこさ行くんだ
　おめぇは人間か　魔性の者か」
とゆって　まぁ襟っ首つかまれてしまって
ほぉで娘は　蚊の泣くような声で

「おっか様の具合《ぐえ》えあんべぇ悪《わり》いようだから
おれ家《え》さ帰《けえ》っとこなんだッ
なんとか放してほしい　なんとか許してほしい」
と語ったけんども
「いや　なんねぇ　なんだか怪しい奴だ
それに丁度　焚き火の火
消えかかっているから　おめえ　この火の番してろ」
となって　焚き火の脇さぽんと置かれてな
娘は仕方ねえから　ほれ
博打うちたちが集めてきた
そこらにあった薪《まき》　くべたんだけんども

生木《なまき》であったんだべなぁ
なかなか　はかばかしく燃えていかねぇ
ぷーぷ　ぷーぷ顔をよせて　吹くと
火が燃えうつる前に　まぁ煙ばっかし出て
煙たくてしゃぁねぇ　ほぉで
ぷーぷ　ぷーぷ吹きながら
　あぁほぉだほぉだ　懐にお面持ってた
となって　そのお面　こう顔さあてて　ほぉで
ぷーぷー　吹いていたっけが
やがて火がその新しい薪に燃えうつって
炎は高ぁく上っていく
火の勢いは強くなっていく　ほぉで
そのメラメラと燃える炎の光が　赤い光が
お面に映ってなぁ
鬼の面　まっ赤になって　ほぉで
炎が揺れるたんびにそのお面も揺れるもんで
まるで生きている鬼のように見えたと
博打うちたちが　ひと博打終って
娘の方を　ふっと見たれば
そこには娘いねくって
まっ赤な顔したおっかねぇ鬼が
博打うちの方を　じぃーっとにらんでいたんだと
いやぁ博打うちはたまげて
大判小判から
何から何までそこらさぶんなげて
皆ぁわらわらわらっと

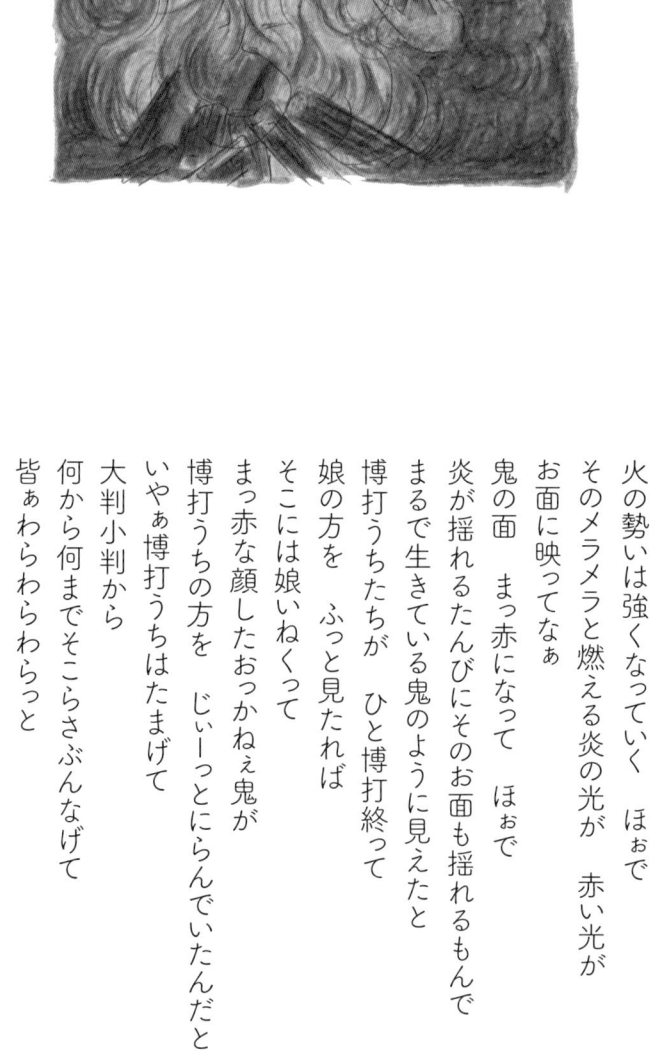

こう逃げて行ってしまった
娘は娘で　鬼の面かぶったまんま
相変らず　ぷーぷーって
火をおこしていたんだけんども
なにやら　わらわらわらわら
やかましいもんで
鬼の面とって見てみたれば
博打うち　一人もいねえ
ほぉでそこらさ銭　まぁ散らばってる
ほぉで娘はその散らばってる銭
大判から小判から集めて
明け方になるまで
博打うちの戻って来るのを
待っていたんだけんども
いっこうに　戻ってこねぇもんでなぁ
娘　その銭　懐さ入れて袂《たもと》さ入れて　ほぉで
おっか様のとこさ　帰って来たんだと
おっか様は何事もなく達者で暮らしてたし
娘は銭こいっぱい持って来たし
それから娘は
奉公先にも戻らねえで
おっか様とふたりで　仲良く暮らしたんだと。

―おしまい―

節分のころ、豆を買うと鬼やおたふくのお面がついてくることがあります。そんなお面を用意しておくと（もちろん手描きのお面でもいいのですが）幼い子にもわかりやすく聞いてもらえるでしょう。そのお面を行李がわりの箱に入れ、風呂敷に包んでおきます。

私はその風呂敷包みを脇に置いて語ります。娘と別れるとき母親が「このおたふくの面　おっか様だと思って……」と言いながら、そのお面を行李に入れる場面では、聞き手にもしっかり見せてから風呂敷に包みます。一日の仕事が終わって娘がお面に話しかけるときには、風呂敷の結び目をほどくだけで中身は見せず、風呂敷で語り手の顔を少し隠しながら語ると、いかにもこっそり語りかけているように見えるでしょう。奉公人仲間がお面を取り替えるときにも、またしっかりお面を聞き手に見せて、入れ替えたことがわかるようにします。

娘があわてて家に帰るときには、そのお面を懐に入れます。懐のない私はカーディガンで隠したり、どうしても入れる場所のないときには風呂敷にお面だけ包んで持っていきます。娘はあわてて母親のもとに帰るのですが、語り手はあわてずに鬼のお面を持っていかないと、焚き火の場面で困ることになります。鬼の面は、めらめらと燃え上がる炎と一体となって博打うちを脅すわけですから、なるべく恐ろしい顔のほうがいいですね。ここでちょっと迫力を出してから、最後は静かに語り終えます。

おはなしおばさんの終わらない話

行李をご存じない方もいらっしゃると思いますが、竹や柳や籐などで編んだ箱状の入れもので、衣類や身のまわりのものを入れました。明治時代の書生さんが下宿先に持っていくという場面を、映画などでご覧になったこともあるかもしれませんが、要するに物入れです。

私も結婚するとき、母の使い古した行李を持たされました。私の場合、衣類はあまりなかったので、学生時代にアルバイトで買いためた絵本を入れてきまして、この本をもとに「ちゅうりっぷ文庫」という家庭文庫を開きました。25年後、夫の転勤で文庫を閉じるとき2000冊ほどになっていましたが、本は文庫仲間に引き取ってもらい、行李は捨てました。使い勝手のいいプラスティックの箱型引き出しにかえたのです。角が破れていたせいもありますが、懐かしさより手軽さ、便利さに負けたというところです。

そういえばお相撲さんも「明荷」といって行李を使っていましたね。今も使っているのかどうかわかりませんが、国技館や巡業先に持ち込むのは行李ひとつと決まっていたそうです。行李というのはかぶせぶたでふたが深いので、盛り上がるぐらい入れても麻縄できゅっと締め上げれば、たくさん入れることもできたはずですが、お相撲さんの舞台衣装はまわしだけですから間に合ったのでしょう。

高級な行李は竹や柳で編んだ上に和紙を張り、漆が塗ってありました。小さな漆塗りの行李を父が封書入れにしていたのを思い出します。

作ってみよう

いないいないばあ

材料	折り紙１枚	----- 谷折り

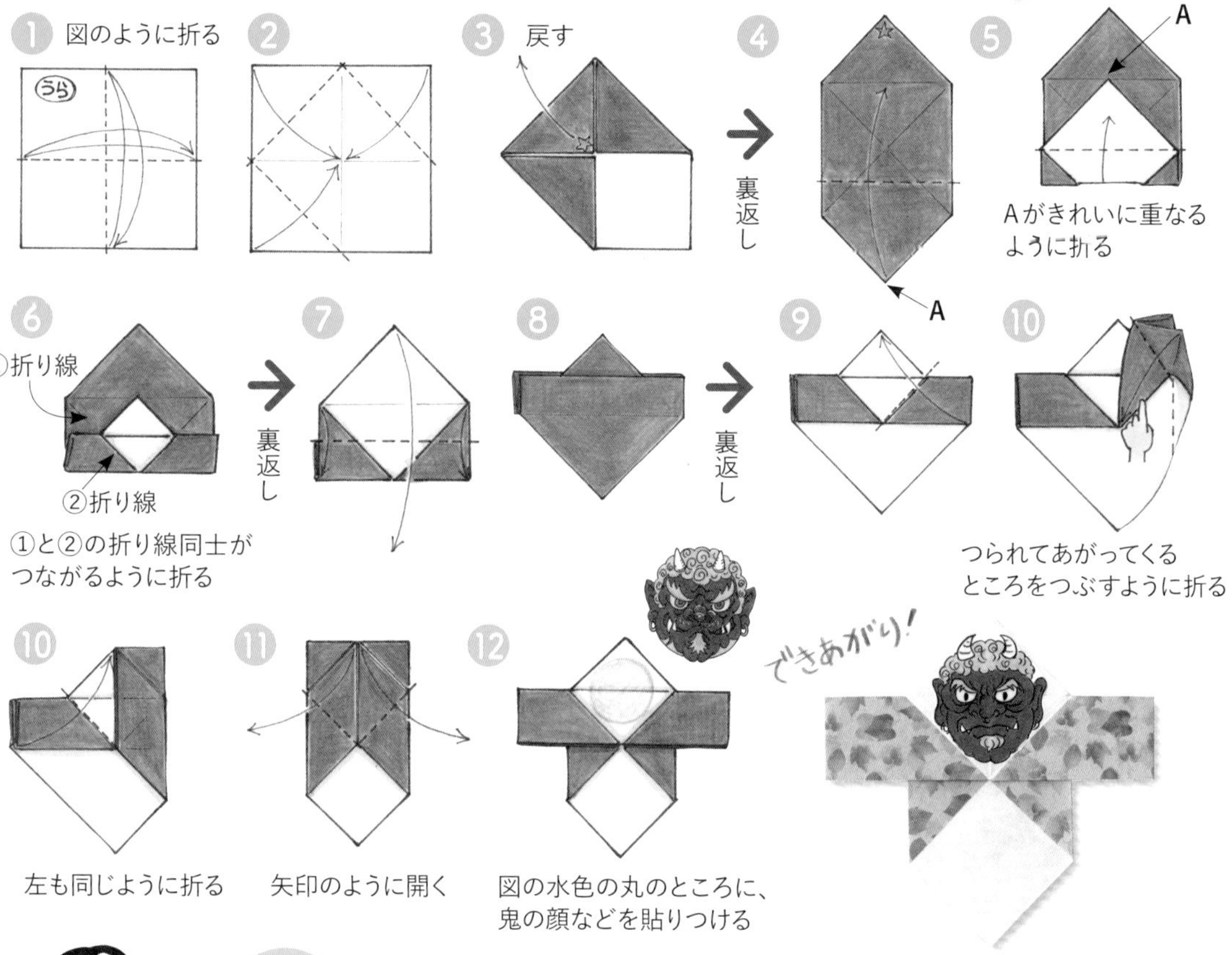

1 図のように折る

Aがきれいに重なるように折る

①と②の折り線同士がつながるように折る

つられてあがってくるところをつぶすように折る
10 左も同じように折る
11 矢印のように開く
12 図の水色の丸のところに、鬼の顔などを貼りつける
できあがり！

※鬼やひょっとこでも、やりとりして遊んでください。

遊び方　顔を隠したおたふくを持って、子どもとやりとりします。

子　お顔を見せてくださいな
お　今、起きたところだから、いや
子　お顔を見せてくださいな
お　今、オシッコしてるから、いや
子　お顔を見せてくださいな
お　今、ごはん食べてるから、いや
子　お顔を見せてくださいな
お　今、お化粧してるから、いや
子　お顔を見せてくださいな
お　お化粧もすんだし、じゃあ見せます。ばあ！
私を飾っておくと、福が多くてしあわせになりますよ

『小僧と山んば』

むがぁし　まずあったと。
むかし　ある寺に幼ぃ小僧さん
寺さ入ってきたんだと　ほぉで
まだかわいい小僧さんであったんだけんど
ある日　和尚様に
「裏山さ行って　仏様にあげる　花ぁとってこい」
とゆわれて　裏山さ行ったんだなぁ
ほぉで花がいっぱい咲いてたもんで　花ぁ摘んで
「いやぁ　いっぺえあるなぁ　いっぺえあるなぁ」
と　摘んで　摘んで　歩ってるうちに
帰《けえ》る道がわからなくなってしまってな
ほぉであっちぃ　うろうろ
こっちぃうろうろしてるうちに
ずんずん　ずんずん　山奥に入ってしまったんだが
日が暮れてしまって
「寺さも帰れねえし
　どこぞ泊まるとこはねえかなぁ」
ほおで歩っていたっけが　向こうの方に
ぽつんと灯《あか》りが見えて　行ってみたと　ほぉで
「ごめんなんしょ」
と戸を開けてみたれば囲炉裏《いろり》の脇に
白髪《しらが》のやさしげな婆様《ばさま》すわってな
「なんだン」
「おら　道に迷って　どっちゃ帰っていいか
わからねぇ　腹もすいてきたし
一晩泊めてもらわんにぇべか」
と　こうゆったれば
「あぁ　あがれあがれ
今な　甘酒作ってたとこだから
甘酒しんぜるから　ほらあがってこぉ
いや　なんだべ　おめえ
着物もびっしょり濡れてるでねえか
夜露に濡れたんだな
ほら　着物乾かしてやっから」
と小僧さんの着物ぺろっとぬがせてな
囲炉裏の上のあみに　こうかけてやって　ほぉで
「寒かんべえ」
と婆様は小僧さんのこと　袖でこう包《くる》んでくれて
膝《ひざ》に　とぽんとすわらせて
甘酒よそってくっちゃもんで　甘酒飲んだんだと
「いやいや　小《こ》ん憎《ぞう》の手っこ冷てえなあ
　ほら囲炉裏さあたれ

いやぁ　ちんこい手ぇは　んまそだなぁ」
と言いながら　こすってくっちゃと
ほぉで手もあったかくなったし
腹もあったまったし　ほぉで
こっくり　こっくりしはじめたれば
あぁ　ねむくなったんだな
ほんじは一緒にやすむべえ
となって　婆様は　ほれ小僧さんかかえたまんま
布団《ふとん》さ入《へえ》ってな　ほぉで小僧さんが
とろとろぉっとしかけたと思ったれば
その婆様　小僧さんの頭　べろーっと舐《な》めてな
「剃ぉりたて頭はぁ　んまかんべなぁー」
とゆったんだと

ほぉで小僧さんたまげてな　びくっとした
「心配《しんぺえ》すんな　心配すんな」
とんとんと　たたいてくっちゃっもんで
小僧さんまた　うとうとしだしたんだと
そのうち何かが　つんつんつんと
尻《けつ》のあたりつっつく
「ぽちゃぽちゃぁけぇつはぁ　んまかんべなぁー」
て言うんだと
ほぉで小僧さん　またびくっとしてな　ほんじも
「心配しねえで寝ろや」
て　こう言うもんで
またとろとろぉっとしたれば　そのつぎ
「なぁんも　かぁんも　んまかんべなぁー」
とゆったもんで　小僧さんは
たまげて　布団からとびだして
よっくと　その婆様の顔ぉ見たら
まぁ口は耳まで裂け
目はギカギカと光って
白髪逆立てた山んばがそこさいたんだと
とてもとても　逃げらんにぃ
小僧さんは　はぁ
ぶるぶる　ふるえていたんだけんども
ふっと思いついてな
「婆様婆様　おらぁ食われるのは
しかたねえけんとも
死ぬ前に　婆様の　化ける術つうのを

一つ見せてもらいてなぁ
それぇ見せてもらったら
おれなんも心配しねぇで
おめえ様の口の中さ
　入って行ぐから」
と　そうゆったれば　その山んばも
「ほぉかほぉか　それもおもしれぇな
して　なんに化けてみせてもらいてえ」
てきいたれば　その小僧さんがな
「うーん　おら
　まんじゅうに化けてもらぁと
　うれしいな」
と　こうゆったもんで
「ほぉだことは　ぞうさねえぞ」
そうゆって　山んばが
　ひくずく　ひくずく　ひくずくよ
　ひくずく　ひくずく　ひくずくよ
と　ゆったれば
んまそなまんじゅうに　なったんだと
小僧さん　そのまんじゅう
ぺろっと食っちまったと。

―おしまい―

『小僧と山んば』こんなふうに語っています

『三枚のおふだ』に似ていますが、小僧さんが自分で山んばを退治してしまうおはなしです。小僧の濡れた着物を脱がせ、すっぽり抱えて温めてやるあたりは、母親が幼い子によくやるしぐさですが、そのあと小僧を舐め回すように見ながら「剃ぉりたて頭はぁ　んまかんべなぁー」と言うあたり、山んばの本性が現れてきます。私も時折かわいいぽちゃぽちゃの赤ん坊のお尻を見たり、まるまる太った子のほっぺたを見たりすると思わず「おいしそう！」などと言ってしまいますから、私の中に巣くっている山んばの本性が出てくるのかもしれません。

語るときはこの「ちんこい手ぇは　んまそだなぁ」とか「剃ぉりたて頭はぁ　んまかんべなぁー」「ぽちゃぽちゃぁけぇつはぁ　んまかんべなぁー」という言葉に少しだけ節をつけて、気味悪く歌うように語るとおもしろいかと思います。

昔のお寺は、学校のような機能もあったらしく、勉強をしたい子どもはお寺に住み込んでお寺の仕事をしながら、和尚さまに字を教えてもらったりしていたようです。このおはなしに出てくる小僧さんは、花を摘み始めるとそのことに夢中になって、帰り道のことを忘れてしまった、まだ幼さの残っているような小僧さんみたいですけれど、かなり賢い、度胸のある小僧さんですね。

はじめはやさしい声で対応していた山んばですけれど、「ちんこい手ぇは　んまそだなぁ」というあたりから少しずつ恐ろしげな声にしていくと、聞き手もこのばあさまの正体がだんだんわかってきて、緊張してきます。ただ幼い子に語るときには、必要以上に恐ろしい声を出したり、大きい声を出したりしないほうがいいと思います。幼い子は怖がりたいのではなく、怖がることを楽しみたいのですから。

おはなしおばさんの終わらない話

日本の昔ばなしに出てくる山姥《やまんば》というのは架空の妖怪ではありますが、それは女の、特に母親の心のありようを具体的に大きくふくらませて表現したものではないかと、私は思っています。我が子がかわいくてかわいくて、自分の思うように育てたくてこねくりまわしてしまう、そして思い通りに行かないと、かわいさ余って憎さ百倍になってみたり、かわいさのあまり世の中の荒波に放り出すことができずに抱え込んでしまったり、自分の命を絶ちたい時に残しておけないとばかりに道連れにしてしまったり、そんな母親の心を山姥という形で表しているのではないかと私は思っているのです。このおはなしは、『三枚のお札』に似ていますが、三枚のお札の小僧が和尚さん（父親？）に助けられるのに対して、この小僧は自力で解決します。いずれにせよ小僧は山姥から逃れていくのです。

日本神話にスサノオという泣き虫の神さまが、機織りをするアマテラスという「衣」の神さま（古事記では代理の織り女）とオオゲツヒメという「食」の神さまを殺して自立していく様子が描かれています。山姥も機を織ったり（衣）、獲物を授けたり（食）します。このおはなしでは、小僧の濡れた着物（衣）を乾かしてくれたり、甘酒（食）をごちそうしてくれたりします。そういう点で、山姥は神話の中の「ヒメ」と似ています。そしてもうひとり似ているのが母親です。母親もおむつを取り替えたり（衣）、おっぱいを飲ませたり（食）して子どもを育てますが、結局子どもは母親を乗り越えて成長していくのです。小僧が山姥を食べてしまうということは、母親を乗り越えて成長していくということではないでしょうか。

『お日様とお月様と雷様の旅』

　むがぁし　まずあったと。
あるときお日《ひ》様とお月様と雷様が
一緒に旅にでたと
宿に着いてわらじぃ脱ぐと
宿の女中さんが三人出てきて
足ぃすすいでくっちゃり　荷物もってくっちゃり
部屋さ案内してくっちゃり
あれこれ世話ぁしてくっちゃもんで
お月様はその女中さんに心付《こころづ》け渡したんだと
開けてみたれば三十文《もん》も入《へえ》っていた
女中さんはたまげて
他の女中さんに見せたっけが
お日様の世話ぁしてた女中さんが
「お月様でせえ三十文もくださるなれば
　お日様は　もっとくださるに違えねえ」
と心待ちしていたんだと
やがてお日様も心付けを渡してくっちゃ
わくわくしながら開けてみたれば
たった一文だったと　ほぉで思わず
「お月様は三十文もくださりやした」
とゆったれば
「月が三十なら日は一だべ」
とこうゆわれてしまったと
さて夕飯《ゆうめし》は海山《うみやま》の御馳走《ごっつぉう》で酒も出たし
お日様もお月様も雷様もたいそう喜んで
飲んだり食ったりしていたんだが
やがて酒のまわったお日様が
「ぎんぎらぎんの　ぎんぎん
　ぎんぎらぎんの　ぎんぎん」
と歌い出したと
お月様と雷様は手拍子打ちながら
聞いていたけんど
お日様はいつまでたっても
「ぎんぎらぎんの　ぎんぎん
　ぎんぎらぎんの　ぎんぎん」
しか歌わねえ
とうとうお月様がしびれぇきらして
「お日様ぁ　そればぁり歌ってねえで
　もうちっと　ましな歌ぁ歌えねえのがン」
とこうゆったれば　お日様が
「なんだン　おらの歌ぁ気にいらねえつうのがン
そういうからにはお前《めえ》様

おらよりましな歌ぁ歌えるんだべなぁ
ほれほれ　なんぞましな歌ぁ
歌ってみらんしょ」
とこう言う　ほおでお月様が歌ったと
「月はえらいな　お日様の兄弟《きょうでえ》で
まんまるくなったり　お日様の兄弟《きょうでえ》で
まんまるくなったり　三日月になったり
はるなつあきふゆ　暗い夜《よる》を照らす」
お日様は　我《わ》がの歌ぁ
けなさっちゃ上に
月がえらいなんぞ
と歌い始めたもんで
はじめはおもしゃく
ねかったんだけんど
お月様は
たいそういい声で
あったし
お日様の兄弟と
歌ってくっちゃもんで
やがて機嫌直して
ほぉでふたんじ
「月はえらいな
お日様の兄弟で
まんまるくなったり　三日月になったり
はるなつあきふゆ　暗い夜を照らす」
と　箸で茶碗叩いたり
お膳叩いたりしながら

さんざん歌って　ふと雷様のほうを見て
「雷どん雷どん
お前様もなんぞ歌ぁ知ってるんだべ
歌ってくなんしょ」
と言ったれば　雷様はもうとっくに布団《ふとん》さ入って
ぐわらぁ　ぐわらぁ　ごろごろ
ぐわらぁ　ぐわらぁ　ごろごろ
と大いびきであったと　ほぉでお日様もお月様も
「雷どんも眠っちまったことだし
おらたちも　はぁ　寝るか」
となって布団さ入ったんだけんど
なにしろ雷様のいびきが
うっつぁしくてうっつぁしくて（うるさくて）　眠らんにぇえ
とろとろっとすれば
ぐわらぐわら
とくるし　うとうとっとすれば
ごろごろごろ
とくるもんで　お日様もお月様も
まず一晩中耳ぃ塞いだり布団かぶったりしたけんど
眠れるもんでねぇ　ほぉでふたりは
どうせ眠らんにぇえならと
まぁだ夜《よ》の明け明け　星の残るうちに起き出して
宿賃払うとさっさと早立ちしてしまったと
さて雷様は昼近くに目ぇ覚ましたれば
隣の布団にお日様もお月様もいねぇ
女中さんつかまえて

「ふたりはどこさ行ったン」
と聞いたれば
「お日様もお月様も早立ちでござりやす」
と答えたと　したれば雷様がゆったと
「ほぉかほぉか　月日のたつのは早ぇなぁ」
「ところで雷様はいつお発ちになりやす」
「おらか　おらぁ雷　夕だちだぁ」
そう言うと夕方やっと出ていったと
雷様が出ていったので
女中さんが部屋の掃除ぃしていたれば
部屋の隅に風呂敷包みの忘れ物がある
誰のだべと　その風呂敷ほどいて見たれば
中は二段の重箱で
ふたを開けてみたれば
上の段にはヘソの佃煮が入っていたと
「あれあれヘソが入っているところをみると
　これは雷様の忘れ物だべ
　ところで重箱の下の段には
　なにが入ってるんだべ」
ともう一度重箱さ　手ぇかけたれば
そのときわらわらと戻ってきた雷様が
ずねえ（大きい）声でゆったと
「こらぁ　ヘソの下は勝手に見るもんでねえ」

― おしまい ―

『お日様とお月様と雷様の旅』

こんなふうに語っています

小学生以下のお子さんにはちょっとむずかしいおはなしかもしれません。でも幼稚園の子も、お日様の「ぎんぎらぎんの　ぎんぎん」の歌や「ぐわらぁ　ぐわらぁ　ごろごろ」の雷様のいびきは楽しんでくれますから、私はときおり語ります。

まぁ「月が三十なら、日は一だべ」とか「月日のたつ（発つ・経つ）のは早ぇなぁ」「おらぁ雷　夕だち（発ち・立）だぁ」などの言葉遊びの部分はむずかしいとは思いますが、わかってもわからなくても、ちょっと歌舞伎のまねをして気取って語ってみると、子どもたちはそれなりに楽しんでくれるようです。

世界中にエネルギーを与え続けているお日様は親分肌で、闇夜にかすかな光を投げかけるお月様はちょっと繊細で、光と轟音で人々を脅かし続ける雷様は豪快でと、私はそれぞれの性格を勝手に決めています。そして、そんな雰囲気で語っていますが、昔ばなしを語り伝えてきた人たちが、それぞれのキャラクターに与えた役割（性格）もそんなところではないかと思っています。

お酒のまったく飲めない私ですから酒場にも行ったことがあまりないし、宴会は嫌いなので花見に行っても、まさに「花よりだんご」で、だんごだけ食べて帰ってくる。私にとって、酔っぱらって歌いだすというこのてのおはなしは苦手なのですが、お酒好き宴会好きの方は、お日様とお月様が飲んだり歌ったりというくだりをどうぞ楽しく語ってください。

おはなしおばさんの終わらない話

子どものころ、近所のおじさんたちが将棋をさしたり、碁を打ったりしているのを横で眺めていました。おじさんたちの言葉を聞くのが好きだったからです。相手が奇襲をかけようとすると「その手は桑名の焼きはまぐり」と言いながら次の作戦を練っているようでした。相手がこれでどうだと言わんばかりの手を打つと「そうはイカの金玉」と言いながら対抗するのです。ほかにも「おっと合点承知の助」「あわてる乞食はもらいが少ない」「外堀攻めてもだめはだめ」「へたの考え休むに似たり」「いやよいやよも好きのうち」「かわいそうたぁ、惚れたってことよ」などと言い交わしていたのを思い出します。

叱られるときも慣用句でした。父が畳に新聞を広げて読んでいるとき、新聞の前に立つと父がぼそっと言うのです「明かりの前に馬鹿が立つ」。障子や襖をきちんと閉めないと「馬鹿の三寸間抜けの二寸」、欲ばって食べれば「腹も身の内」「腹八分目」という具合です。大声で叱られるより身にしみました。

また料理や仕事の手順をことわざなどで覚えることもありました。「魚身鶏皮」（魚は身の側から、鶏は皮側から焼け）とか「木もと竹うら」（木は根元のほうから、竹は先のほうから割るときれいに割れる）とか、「梅に三合らっきょに五勺」（梅は1升に塩を3合、らっきょうは1升に5勺の塩で漬ける）、「根菜水から葉ものは湯から」（茹でるときの順序）などです。

字の読めない人が多かった時代、言葉だけで記憶しようとすると、覚えやすい調子のいい言葉ということになります。昔は今より言葉のやりとりも豊富だったように思います。それが日常の暮らしの中にも浸透して、子どもたちもそんな言葉遊びをいつのまにか身につけていて、こういうおはなしも楽しめたのかもしれません。

『歳神様』

むがぁし　まずあったと。
むがぁしってのはなぁ　お正月に
年とるもんであってなぁ　それ
歳神様っていう神様が　それぞれの家に
年ぃ配ってくっちゃんだと。
あるところに四十男《しじゅう》　一人いてなぁ　その男
「はぁ　これ以上　おらぁ　歳神様に
年ぃもらいたくねぇ
爺様《じさま》になればなるほど
腰は　曲がるわ　皺《しわ》は増えるわ
仕事は　できねぇわ
なんとか　歳神様に　行《い》き会《や》わねぇようにしてぇ
お正月の　年ぃ　もらわねぇことにするべぇ
したがほれ　家ん中さ　いると
せっちん（雪隠）にいても納戸にいても
歳神様は　年ぃ配って歩くそうだ
外で　いい隠れ場はねぇかなぁ」
と　うろら　うろら　していたっけが
大根《でぇこ》畑の隅《すま》っこの方に
ずねぇ（大きな）穴が　あったんだと。
野菜くず入れる様ななぁ　ずねぇ穴があって

ほぉで　その穴めっけて　その男
「あぁ　ここならいい。
ここなら　歳神様も　気が付くめぇ。
ここさ入《へぇ》って　明日の朝　元旦になるまで
おらぁ　ここに隠れてるべぇ」
ほぉで　男は　ぴょーんと
穴ん中さ跳び込むと　すぐだまって（屈みこんで）
大歳《おおどし》の夜過ごして
元旦になるの　待っていたんだと。
ところが　その年　そのあたりに
年ぃ配ることになった神様はなぁ
たいそう　たれかな（無精な）神様でなぁ
ほんじも　まぁ　ずねぇ袋ん中に
五穀豊穣やら　商売繁盛やら
家内安全やらと一緒に　年いっぺぇ入れて
神様の国から　来たことは来たんだぁ　ほぉで
初めのうちは　せっせと配っていた。
「ここのうちの　おとっつぁまにも一つ
おっかさまにも一つ
わらしこたちにも一つずつ
犬にも一つ　猫にも一つ　ほれ　鶏にも一つ

婆様《ばさま》ぁいんねえようだけんども一つ」
なんて　言いながら　配っていた。
隣の家　開けて　またぁ　そこの家にも
一つ一つ　配っていた。
その隣にも　またぁ　配っていた。
初めのうちは　せっせと　配っていたんだが
だんだんだんだん
これ　たれかな気持ち出てきてなぁ
「あぁー　今年はもう
あの川向こうの部落　行くのめんどくせぇ
あそこはやめにするべぇ」
ほぉで　神様の国さ帰《けえ》るべぇと
思ったんだけんども　まだ　この袋ん中さ
年ぃ残っているわけだ。
このまま　帰ったでは
偉い神様に　ごしゃかれ（怒られ）てしまうから
この余った年ぃどっかさ　捨てて行かねばならねぇ。
どこさ　ぶん投げっぺと　うろらうろらしてた。
やたら　道端なんぞに　ぶん投げて
草が一ぺんに　年ぃとって
枯れちまったでは　しゃぁねぇからなぁ。
ほぉで　うろら　うろらしているうちに
大根畑さ来て
「あらあら　いい穴っこあった
ここさ　投げていくべぇ」
背中から　袋　下ろすと　さかさまにして
ぱらぱらぱらぁー！　と残った年ぃ　皆ぁ
その穴ん中さ　入っちなぁ。ほぉで
「やれやれ　これで　おらの今年の仕事は　終わった」
となって　さっぱとした気持ちで
神様の国さ　帰って行ったわけだ。

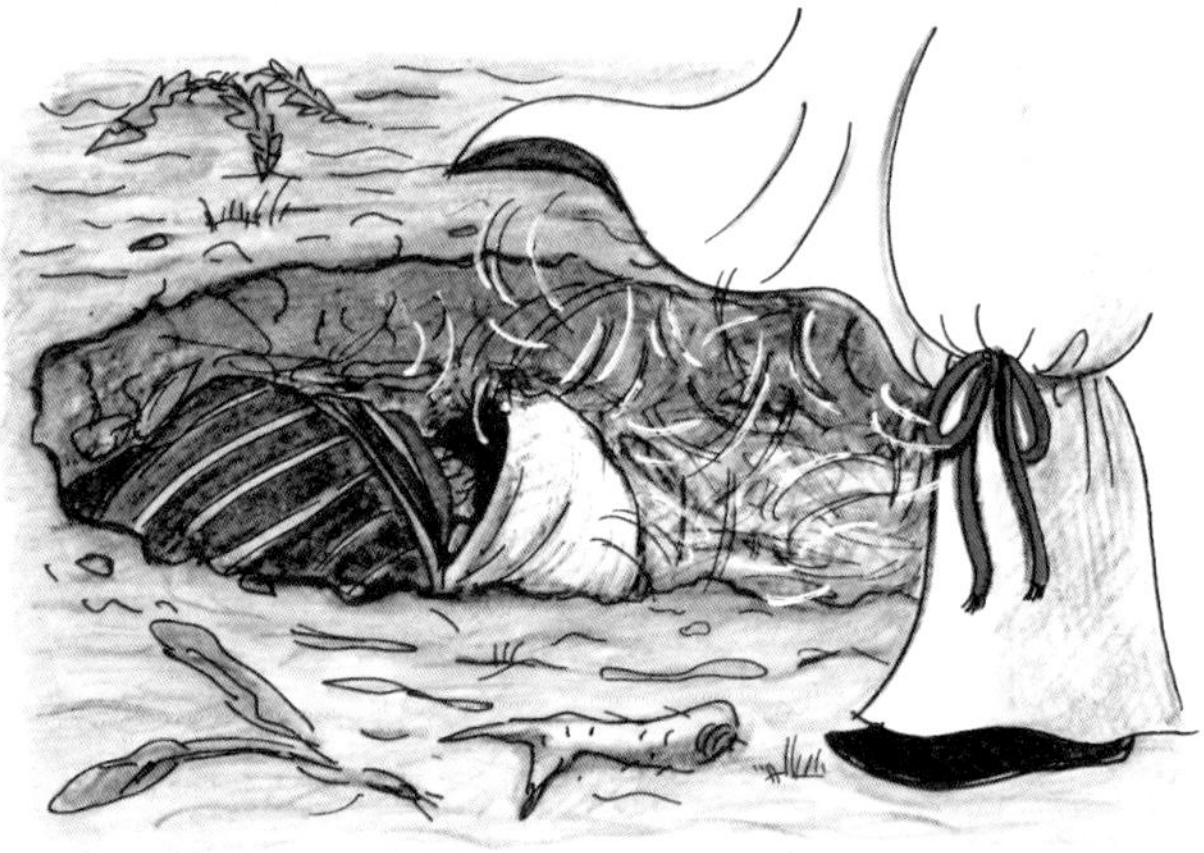

やがて　大歳の夜が明けて
新年　元旦になった。
明るくなってきたもんだから　穴ん中の男
「やれやれ　これで　歳神様に
行き会わなくて　よかった　よかった」

穴から　こう　出るかと思ったんだけんども
入る時は　ぴょんつらと　こう　勢いよく
入ったのに　いざ　出るべぇ　と思ったら
まず　腰が　伸びてこねぇ
「あららら　これ
　じっと　すくだまっていたから
　腰　伸びなくなったかなぁー」
なんて　言いながら　ほんじも
よっこら　よっこらと　やっとこ
這い登ってきてなぁ　手に付いた泥
こう　払い落とすべぇ　と思って
見たれば　まず　その手が　渋紙《しぶがみ》
もじゃくった（くしゃくしゃにした）みたいな
手になっていたんだと。
「あららら　なんだべぇ」
と　思ったけど　まぁだ　気がつかねぇで
泥ぉ　洗ってくるべぇ
というわけで　川さ行って　川の流れから
こっちへ　ちょちょっと　堀こ作ってなぁ
そこさ水寄せると　手ぇ　洗って
顔ぉ　洗って　ほぉで　水の落ち着くの待って
わが顔　映して見たっけが　白髪《しらが》の
八十爺様に　なっていたんだと。

――おしまい――

『歳神様』
こんなふうに
語っています

私が子どものころは、生まれるとその日から「１歳」と数えました。そしてお正月がくるとみな一斉に年が増えたのです。極端な例をあげれば、12月31日に生まれた赤ちゃんはその日が１歳で、翌日になると２歳になってしまうという数え方でした。そのことをまず子どもたちに説明し、それから語るとわかってもらえるように思います。そしてその「歳」も神様にいただく「歳」でしたから粗末に扱ってはいけない、自分勝手に命を縮めたりしてはいけないと言われて育ちました。

畑の隅にはたいてい大きな穴が掘ってあります。大根畑やにんじん畑なら、多すぎる葉を少しむしり取って捨てる穴です。キャベツ畑やねぎ畑なら、外側の汚れた葉を捨てる穴です。そうやって捨てた葉はやがて土に還って肥料となります。そのこともちょっと説明しておくと、わかりやすいかもしれません。

「袋の中に年を残すと偉い神様にごしゃかれる（おこられる）から、どこかに捨てていかねば」と、私が語ったら、3年生ぐらいの子に「神様にも偉い神様と偉くない神様がいるの?」ときかれ、「配る神様」と「配ったかどうか調べる神様」と語ったこともあるのですが、しっくりこなくて、八百万もいる神様の中には「偉い神様」がいてもいいかと思い直し、私が聞いてきた通り「偉い神様にごしゃかれるから」とすぐもとに戻しました。

おはなしおばさんの終わらない話

今では暮れに大きな袋をかついでうろうろしているのはサンタクロースということになってしまいましたが、私が子どものころ暮れに大きな袋をかついでくる方は、目には見えない歳神さまでした。歳徳神という言い方もありますが、子どもたちは親しみをこめて「お正月さま」と言っていました。歳神さまの大きな袋には「歳」も入っていますが、目には見えない「五穀豊穣」だの「家内安全」だの「商売繁盛」だの「天下泰平」だのも入れてあって、それも配ってくださったのです。私に昔ばなしを語ってくれたおじさんによれば、神さまにもいろいろな方がいらして、たれかな（無精な）神さまもいれば、おっちょこちょいな神さまやあわてんぼうの神さまもいるそうで、ときおり背中の袋に「家内安全」を入れ忘れたり、袋を木の枝に引っかけて穴をあけ、「五穀豊穣」を落としてくる神さまもいたそうです。まぁ「歳」を落としたら、婆さまには配らないことにすれば、婆さまにも喜ばれるし、なんとかつじつまを合わせることができるのだけれど「五穀豊穣」を落とされると、俺たち百姓は困っちまうし、「家内安全」や「商売繁盛」を落とされると、家の中にもめごとがたえなかったり、商いがうまくいかなくなったりして困るんだわなぁ。「天下泰平」というのは世界平和ということだから、それを落とされたりすると、あちこちで戦が始まって、それこそ大事《おおごと》になってしまう、ということでした。

どんな姿をしているのかわからない歳神さまを信じていた私の子ども時代に比べ、サンタクロースは絵にも描いてあるし具体的です。そのサンタさんが目に見える本物のプレゼントを届けてくださるとなれば、子どももうれしいし、経済効果もあるし、茫漠とした歳神さまが薄れていく運命にあるのは、仕方がないのかもしれませんね。

『笠地蔵』

　むがぁし　まずあったと。あるとこに
たいそう貧しい爺様《じさま》と婆様《ばさま》とおらってなぁ
正月様がせまってくるというのに
餅ぃつく米もねえし　酒さかなも揃わねえ
神様にお供えする準備がなにもできねえまま
正月が近づいてきて
　なじょったもんだべなぁ　なにかほれ
　銭に換える物はねえかなぁ
と家の中　みまわしてみたれば
夏の間に刈って干しておいた　菅《すげ》みつけたんだと
　あぁ　ここさ　菅ぇ干してあるから
　これで笠こしゃって　街さ売りにいくべぇ
と　そういうことになって　爺様と婆様と
その菅で　笠　編み始まったんだと
爺様が三つ婆様が二つ　編んでなぁ
ほぉで次の日　爺様がそれ背中さしょって
街さ売りに出かけていったんだと。
村境《むらざかい》のとこには
六地蔵様が立っておらしゃってなぁ
爺様は　地蔵様の前通る時に
「地蔵様　地蔵様　いつもおらたちの暮らし
　守《まぶ》ってくれてありがとうごぜぇやす」
お礼をゆって
「今日は街さ菅笠《すげがさ》売りに行ってくるで
帰りにはなんぞ　うめえもの買って
お供えできるかもしれねえ　待っててくなんしょ」
と　そう手を合わせて
街さ下って行ったんだと。
街の広場には
市《いち》が立っていて　たいした賑やかであったと
しめ縄から　輪飾りから
床の間に飾る恵比寿大黒
掛け軸なんぞずらーと並べてる
正月の飾りもん売る店があるかと思えば
こっちの方には　羽子板だの凧《たこ》　独楽《こま》
双六《すごろく》からカルタから　正月の遊びもん
ずらーと並べてる店もあるしなぁ
こっちの方では　朱膳朱椀《しゅぜんしゅわん》から　重箱から
徳利　屠蘇《とそ》飲むときの三つ重ねの杯から
そんなもの売ってる　うつわやさんもあるしなぁ
こっちの方に行けば　雪駄《せった》やらぽっくりやら
櫛やらかんざしやら売ってる店あるし

そっちの方では　ほれ
新巻鮭やら干し柿やら柚子やら
ずねぇ(大きな)声で呼ばわって売ってる人もいるし
買い物する人達は　うろらうろらとまぁ
あっちの店のぞいてみたり
こっちの店のぞいてみたり
ほんじもせわしげに
さっさかさっさか歩ってみたり
うろらうろらしてみたり
そん中で爺様　よたよたと歩きながら
「笠ぁ　笠ぁ　笠はいらねぇがぁン
菅笠はいんねぇがぁン」
とこうゆって　歩っていたんだけんど
だぁれも爺様の方なんか振り向かねぇ
肩こづかれたり
後ろからどやしつけられたりしながら
よたよたよたよたと歩って
あぁ　とてもこぉだとこでは売れねえから
ほんじは部落の方さ行ってみるか
一軒一軒訪ねて　菅笠売って歩くべぇ
と思ってなぁ
ずっと離れた部落の方さ　行ってみたんだと。
一軒の家へ
「ごめんなんしょー」
と　戸ぉ開けて入《へぇ》ってみたれば
そこの家では皆ぁして　餅つきしてたと

水屋《みずや》では若《わけ》え嫁様が　しゃっこしゃっこ
しゃっこしゃっこ　こう　米といでる
かまどの前では爺様がでんと座って
火吹き竹抱えてなぁ　ぷぅーぷぅーと
吹きながら　米ぇ蒸《ふ》かしているし
おとっつぁまは蒸かし終わった米　ほれ
せいろぐちら持ってきては　臼ん中さ
ぱさっと　こう　あける　したればほれ
待ってたとばかりに兄様《あにさま》　杵持って
ぺったらぺったんとつき始める
おっかさまは桶に入れた水で手ぇ湿《しめ》しながら
ほれ　兄様のつく餅こねていく　つき方が
「ほれきた」
とやれば　こね方は
「ほれさ」
とやる
「ほれきた」
と言えば
「ほれさ」
とまた言う
「ほれきた」
「ほれさ」
の
「ほれきた」
「ほれさ」
どっこいしょのどっこいしょで

ぺったらこのぺったらことつき始める
そのうち　米ぇ洗い終えた若え嫁様なぁ
おっかさまに代わってこね方始める
すると兄様の声もほれ
いちだんと威勢よくなって
「ほれきた」
とすれば嫁様が
「ほれさ」
と　こねていく
「ほれきた」
「ほれさ」
の
「ほれきた」
「ほれさ」
と　まあ兄様の声も勢いよくなってくるけんども
なんとも息が合って　餅の方も
ぺったらぺったんとうまくつけてくる　板場では
婆様がつきあがった餅　ちぎっては丸め
ちぎっては丸め　ほぉで皆して　こう
餅ついてるもんでなぁ
「菅笠いんねべかぁ　菅笠ぁ　買ってもらわんねぇべか」
なんてゆったところで皆忙しく
わらわらわらわら立ち働いているもんで
だぁれも爺様の方なんぞ振り向かねえんだと
仕方がねえ　爺様は
その家の戸ぉ閉めてなぁ

次の家さ行ってみたと。
したれば次の家では　家中《いえじゅう》皆して大掃除しったと
おとっつぁまが長ぁい竹の先に　煤竹《すすだけ》くくりつけて
天井の隅《すま》っこの方　こうして煤掃きしていれば
おっかさまやら娘たちは　雑巾ぎゅっと絞って
棚から板戸から床からこうやって拭いている
婆様は　障子貼りしている
爺様と幼い子めらは　仏様の中からなぁ
仏様のほれ道具おろしてきてお磨きしている
「ごめんなんしょー　菅笠いんねぇがン」
とこうゆったって　皆それぞれ忙しくてなぁ
そのうちほれ　煤竹持ったおとっつぁまが
ばたばたわさわさ
わさわさわさしながら
「どいてくなんしょ　爺様悪いなン
今　忙しくてほれ　笠どこでねぇわン
夏の暑い盛りであれば　笠も欲しいと思うけんど
この冬場なぁ　まぁ笠どこでねぇわン
爺様　ほれちょっとどいてくなんしょ」
ほぉゆって
わさわさわさわさ動いてくるもんで　爺様も
「いやいや　じゃましたなン」
とゆって　その家また戸ぉ閉めてな
次の家さ行ったと。
次の家では　おっかさまと婆様が
正月に着る晴れ着出しては　わらしこたちに

合わせて腰揚げ下ろしてみたり
肩揚げなおしてみたり　帯ぃ出したり
足袋出したりして揃えてるし
こっちの方では爺様が　家族みんなの分の
新しい下駄に　鼻緒すげてたと　そのうち
おとっつぁまが山から
若松いっぱい抱えて帰ってくると
戸端《とんぼ》の口（入り口）んとこに立ってた爺様に
「ほれほれ　どいてくなんしょ」
ほうゆって　どさっとそこさ置くと
一番形のいいような松　二つ戸端の口さ
掛けて　あとの若松は　一枝ずつ折っては
輪になった　わらにそれ引っ掛けて
輪飾り一つ一つ部屋さ飾りつけていく
せっちん（雪隠）から　かまど神様のとこから
水屋神様のとこから
馬屋から納戸から　一つ一つ掛けて
忙しそうにしている
「いやいや　なんだかこの家《や》も忙しそうだ
じゃましたなン」
と言いながら　爺様は
その家出て次の家さ行ったと。
次の家では
「ごめんなんしょー」
と入ってってみたれば
流しもとで若い嫁様がなぁ
とんとんとんとんと　大根《でぇこ》だの牛蒡《ごんぼ》だの
切っていたと　おっかさまはおっかさまで
伸《の》し板の前に　ほれおっかぶさるようにして
そば粉こねている　年越しそばでも
こしゃってたんだべなぁ
婆様は婆様で囲炉裏の端《はた》にちょこんと座ると
鍋のふたぁ取っては　なにやら味見している
黒豆でも煮てたんだかなんだかなぁ
いい匂いがして　笠売りの爺様もおもわず
腹がぐぅぅぐぅと鳴るようであったと
その家《や》の爺様は　神棚きれいに片して
榊《さかき》上げたり　御神酒《おみき》上げたりして
ほぉで御神酒のおこぼれにあずかって
我がもほれ　ちょこっと口湿したりして
ほぉで戸端の口のとこに立っている
笠売りの爺様見つけると
「なんだべ爺様　おめえさまもほれ
ちょこっと　一杯やってがんしょ」
そうゆって　そこらさあった皿ぁ持ってくるとな
その笠売りの爺様にも　一杯いれてよこしたと
笠売りの爺様は
きゅーっと　それ御馳走《ごっつぉう》になって
「いやいやぁ　腹の底から暖《あった》まってきたようだ
いやぁ　ほんじはまぁごめんなんしょ」
となってその家も出てきた。
ほぉで出てきてみたれば　雪がちらぁほらと

降ってきてたんだと
「いやいや　これ雪降ってきたぁ
　ほんじは　はぁ家さ戻らねえと
　雪ひどくなったではなぁ
　笠は一つも売んにかったけんども
　ほんじは家さ帰《けえ》るべぇ」
となって　腹ん中から暖まった勢いで爺様
また山道とぼとぼと　家さ向かって行ったんだと
したれば　街場ではちらりほらりであった雪も
山道にさしかかる頃から
のんのんのんのん　降ってきてなぁ
ひと足ひと足　雪の中から
抜いてはまた歩く　抜いてはまた歩く
抜いてはまた歩くと　まぁ歩くのも
難儀であったんだけんども
やっと村境の　地蔵様んとこまでたどりつく
したれば地蔵様も頭から肩からすっぽり
雪かぶって　寒そぉうにして立ってらったんだと
ほぉで爺様は
「いやいや地蔵様申し訳ねぇ
　なんぞお供えできるものも
　買ってくるかと思ったんだけんど
　笠　一つも売《う》んにかったもんだからなぁ
　何もお供えできねくて申し訳ねえ
　せめてこの雪だけでも払ってくれべぇ」
となってなぁ　頭の雪から肩の雪から
払ってくっちゃんだけんども
雪はのんのんのんのんと
次から次へと降ってくるもんで　爺様
「あぁ　ほぉだほぉだ
　これ笠売んにかった　丁度えがった
　地蔵様さかぶせていくべぇ」
となって　地蔵様に笠一つ一つ
かぶせていったんだと　したが地蔵様は六人
笠は五つ　最後の一人の地蔵様
笠ねくなってしまって
「いや申し訳ねぇ　笠五つしかねくって
　ほんじはおらのまぁこぎたねぇ手拭い

三年煮しめたような手拭いだけんど」
となって　その手拭い　最後の地蔵様に
結びつけてな　ほぉで　爺様はまた
ひと足ひと足　雪の中　家さ帰って行ったと。
家では　婆様待っていた
雪だらけになって戻ってきた爺様に
「いやいやご苦労さんでやんしたぁ
ほんで笠は　なんぼに売れたン」
とこうゆったれば　爺様が
「こういう訳で笠は売れねかった
したが地蔵様にかぶせてきたから」
とそうゆったっけが　婆様も
「いやぁ　えがったえがった
いいことしなさったぁ　ほんじはまぁ
おらたちふたんじ（ふたり）　何もねえけど
正月はまぁ　かゆでも食って過ごすべぇ」
そうゆっていたればな　爺様が
「いやぁ　ほんとにお供えする餅は
買えねかったけんども　せめて音だけでも
餅つきの音だけでも神様さお供えするべぇ
婆様婆様　ほれ　ちょこっとおめえさま
尻《けつ》こっちさ向けらんしょ」
そうなってな　婆様の尻っぺたたたきながら
「ぺったらぺったん　白餅三升
ぺったらぺったん　白餅三升
ぺったらぺったん　白餅三升」
と　こうしてついていた
「いやいや婆様　ほれぇ
ほかほかと白餅つけたわぁ」
なんて爺様が言えば
「なんだべおらの尻っぺたばかりでねくて
こんだほれ　おめえさまの尻っぺたで
きび餅つくべぇ」
となってなぁ　ほぉで爺様も尻っぺた出せば
「ぺったらぺったん　きび餅三升
ぺったらぺったん　きび餅三升」
と婆様が爺様の尻っぺたたたく　ほぉで
爺様の尻っぺたもいいかげん
ほかほかしてきてなぁ
「いやぁ　ほれ　きび餅三升つけたつけた
ほんじは音だけ神様にお供えしたから
おらたちもほれ　布団《ふとん》さ入《へえ》って
婆様の豆餅　つきてえなン」
なんて爺様が言うもんで　婆様とふたんじ
その晩布団さ入ったと。
ずうーっと経ってなぁ　夜おそぉくなった頃
布団の中でふっと爺様　なにやら
声するのに　気が付いたと
「婆様婆様聞いてみらんしょ
どこからか声聞こえるから　なんだべなぁ
今時なんだべなぁ
庄屋様のうちの若えもんでも

買い忘れた正月買物《がいもん》しにいって
　今頃戻ってきたんだべかなぁ」
なんて言いながら聞いていると　遠くの方から
こういう声聞こえてきたんだと
「一番ぞりには米つけてぇ
それ　ざっくりこぉ
二番ぞりには餅つけてぇ
それ　ずっぱりこぉ
三番ぞりには酒さかなぁ
それ　どっさりこぉ
四番ぞりには味噌つけてぇ
それ　どっこいしょぉ
五番ぞりには衣装《いしょ》つけてぇ
それ　ぎっちりこぉ
六番ぞりには銭つけてぇ
それ　ぞっくりこぉ」
「なんだべなぁ
たいした景気のいい声だけんども
どこの家の買物だべなぁ
街道の方　通っているようだなぁ」
と　こう言いながら聞いていると　その声が
また少ぅしずねぇくなってきてなぁ
「一番ぞりには米つけてぇ
それ　ざっくりこぉ
二番ぞりには餅つけてぇ
それ　ずっぱりこぉ
三番ぞりには酒さかなぁ
それ　どっさりこぉ
四番ぞりには味噌つけてぇ
それ　どっこいしょぉ
五番ぞりには衣装つけてぇ
それ　ぎっちりこぉ
六番ぞりには銭つけてぇ
それ　ぞっくりこぉ」
「あれあれなんだか　こっちの方に
向かって来るようだなン」
と聞いていたれば　また　ずねぇ声になって
「一番ぞりには米つけてぇ
それ　ざっくりこぉ
二番ぞりには餅つけてぇ
それ　ずっぱりこぉ
三番ぞりには酒さかなぁ
それ　どっさりこぉ
四番ぞりには味噌つけてぇ
それ　どっこいしょぉ
五番ぞりには衣装つけてぇ
それ　ぎっちりこぉ
六番ぞりには銭つけてぇ
それ　ぞっくりこぉ」
ずねぇ声が聞こえてくる
「なんだべなぁ　街道からずぅっと
おら家《え》の方に

入ってきたような気がするけんど
どこさ　行くんだべなぁ」
そう思っているうちに　だんだんだんだん声
爺様のうちの方に近づいてきてな
「かぁさぁくっちゃ爺様の家はどこだべなぁ」
「かぁさぁくっちゃ爺様の家はどこだべなぁ」
「かぁさぁくっちゃ爺様の家はここかいなぁ」
「あぁあぁ　かぁさぁくっちゃ爺様の家は
ここだ　ここだ
ほんじはここさ置いていくべぇ」
なんて語りながら　どさどさぁーと
何か降ろす音してなぁ　ほぉで　また
ぞろぞろぞろぞろと　帰っていく音するんだと
爺様は
　なんだべなぁ
と　あわてて　戸ぉ開けて出てみたればなぁ
爺様の家の前にまぁ
正月の物どっさり　置いてあって
ほぉで　向こうの方に　そり引いて戻って行く
六人の地蔵様の姿見えたんだと
ほぉで　爺様と婆様は
その地蔵様の後ろ姿　手ぇ合わせて拝みながら
いい正月迎えたんだと
笠地蔵様の話でした。

― おしまい ―

『笠地蔵』
こんな**ふう**に
語っています

お正月を迎える支度は、1日でするわけではありません。12月の13日から始めて、部屋だけでなく、神棚から納戸から家畜小屋まで掃除をしたり、床の間の掛け軸を正月用のものに掛け替えたり、正月の飾り物を出したり、家族みんなの正月衣装をそろえたり、家によっては下駄や茶碗や箸を新しくしたりしました。27日か28日あたりに餅つきをします。29日の餅つきは「九餅（くもち）」が「苦持ち」に通じるというので、嫌われ、どうしても28日までにつけないときは30日につきました。30日と31日は年越しそばを打ったり、お節料理を作ったり、掃除の仕上げをしたり、忙しい1日でした。

本当はこうして何日もかけて「お正月さま」をお迎えする支度をするのですが、これはおはなしですから、その何日分かの暮れの行事を、何軒かに分けて、1日のこととして語っています。そのあたり、ちょっと不自然ですが「おはなし」ということで、気にせず語っています。

本物のお餅をお供えできなくて、せめて餅つきの音だけでもお供えしようと、お尻を叩き合うあたりはちょっと艶っぽいのですが、子どもだけのときは省略するときもあるし、大人も子どもも一緒のおはなし会のときなら、さらっと語ってしまいます。

おはなしおばさんの終わらない話

私が子どものころ、お正月というのは、暦が変わる日ではなく「お正月さま」という神さまをお迎えする日でした。子どもも年寄りも、みんなお正月に歳が増えました。お正月さまが大晦日の夜、一人ひとりに「歳」を配ってくださったのです。歳だけではありません、五穀豊穣や家内安全や商売繁盛など目に見えないものから、目の前に並べられるごちそうまで、みんなお正月さまが持ってきてくださるのだと言われて育ちました。

今回紹介した歌は私が子どものころ、暮れになると歌った歌です。ちょっと知ったかぶりをして解説しますと、「ゆずりは」というのは、新しい葉が成長してから古い葉が落ちるので、家の身上《しんしょう》(財産)を子どもや孫にしっかり譲り渡していくことを意味するのだとか。お供え餅の上にのせる「橙」も「代々」に通じるからでしょう。「雪のような餅」、今お餅は白いのが当たり前ですけれど、粟や黍《きび》を混ぜた茶色（黄色）い餅が日常の餅だったころは、お正月にいただくお米だけでついた「雪のような餅」は特別だったのです。「油のような酒」、お酒といえば清酒と思いがちですが、糟を漉さない濁り酒(どぶろく)を飲んでいた人たちも、お正月だけは油のようにとろとろと澄んだ清酒を飲んだのでしょう。「木っ端のようなとと」は鉈《なた》で木を切ったときに出る木っ端、その木っ端に似ている、大きな魚の切り身のことでしょうか、とにかくお正月には普段と違う、特別なごちそうを食べたのです。

私が子どものころ、もちろんテレビはなかったし、田舎町のことですから、お芝居や映画も縁遠いことでした。ですからお正月という一大イベントがとても待ち遠しく、うれしかったのです。おいしいごちそうもいただけるし、働くことに忙しくてめったに遊んでくれない大人も、お正月にはカルタやすごろくなどで一緒に遊んでくれました。

歌遊び

正月さま

遊び方 暮れになると、こんな歌を歌いました。①～⑦はAを歌う人とBを歌う人が掛け合いで交互に、⑧は一緒に歌います

A

①しょうがっつぁま（正月さま） ござった

③むけぇやま（向かい山） までござった

⑤ゆずりは（楪） に乗って

⑦雪のような餅と、油のような酒と、
木っ端のようなととと、持ってござった

B

②どこまでござった

④なんに（何に） 乗ってござった

⑥何持ってござった

A B ⑧お正月はええもんだ
雪のような餅食って
油のような酒飲んで
木っ端のようなとと食って
お正月はええもんだ
あ　ええもんだ
あ　ええもんだ

『子だくさん』

むがぁし　まずあったと。
あるとこに　一人の背兄様《せな》いてな
その背兄様　嫁様もらったんだと。
したれば　その嫁様　次の年に
腹ずねぇく（大きく）なってな
間《ま》なしに　ややこぉ産《な》したんだと。
男わらしであったと。
ほぉで　まぁ　その背兄様
おとっつぁまになり　嫁様は
おっか様になったわけなんだが
「男わらしで　いちばぁん初めに
産《う》まっちゃ子だから
一郎っていう名前にするべぇ」
そぉで　そのややこに　一郎って名前つけてな
「あぁ　めんこいめんこい　一郎めんこいめんこい」
と　そうやって育てていたんだが
次の年　おっか様の腹
ずねぇくなってな　間なしに　また
なしたと。男わらしであったと。ややこ
「いやいや　嬉しこと　嬉しこと
男わらし　ふたぁりも出来てしまった
これ　男わらしで
二人目だから
次郎っていう
名前にするべぇ」
ほぉで　そのわらしに
次郎って名前つけてなぁ
「いやぁ　一郎もめんこいし
次郎もめんこいし」
と　ほぉで
めごがっているうちに
おっか様の腹　また　ずねぇくなったんだと。
間なしに　ややこ　なしたと。
男わらしであったと。
「あららら　嬉しこと　嬉しこと
男わらし三人も　出来てしまった
男わらしで三番目だから
三郎つう名前にすべぇ」
ほぉで　そのややこ　三郎って名前にしてなぁ
「一郎もめんこい
次郎もめんこい
三郎もめんこい」

と　ほぉゆって　育てていたんだが
次の年　おっか様の腹　また　ずねぇくなってなぁ
ややこ　なしたと。
おなごわらしであったと。
「いやいや　嬉しこと
　これ　おなごわらしも出来た
　おなごわらしで初めての子だから
　初子って名前にするべ」
ほぉで　そのややこ
初子って名前になったんだと。
初めて出来たおなごわらしでなぁ
「初子も　めんこい　めんこい」
ってゆってるうちに　また　おっか様の腹
ずねぇくなってなぁ　間なしに　ややこ
なしたんだと。おなごわらしであったと。
おなごわらしで二番目であったので
ふみ子っていう名前つけたんだと。
「いやぁ　おなごわらしも二人《ふたぁり》出来た　ほれ
　一郎　次郎　三郎に　初子に　ふみ子に……
　したが　これ　男わらし三人に
　おなごわらし二人では　ちっと
　あんべぇ悪《わり》いなぁ」
なんて語っているうちに　おっか様の腹
またずねぇくなってなぁ
間なしに　ややこ　なしたんだと。
おなごわらしであったと。

おなごわらしで三番目であったから
みよっていう名前つけたんだと。ほぉで
「男わらしが　一郎　次郎　三郎
　おなごわらしが　初子に　ふみ子に
　みよ　と　いやいや　おらたち　六人もの
　子福者《こぶくしゃ》になってしまった　はぁ
　子どもはこれだけ居たらいいなぁ
　もう　いらねぇなぁ」
なんて　語っていたんだけんども　次の年
おっか様の腹　また　ずねぇくなって
間なしに　ややこ　なしたんだと。
男わらしであったと。
「あららぁ　いらねぇと思ったけんども
　まぁ　出て来てみれば　めんこいもんだ
　何とか育てるべぇ　したが　これ
　次々と出て来たでは　困っちまぁから
　この子でおさまるように
　修という名前にするべぇ」
と　ほぉで　そのややこなぁ
修つう名前になったんだと。
ところが
これでおさまんねかったんだなぁ
次の年　おっか様の腹　ずねぇくなって
間なしに　ややこ　なしたと。
おなごわらしであったと。
「いやいや　おさめるべぇと思っても

おさまらねかった これ まぁ 仕方がねぇ
おなごわらしだし なんとか育てるべぇ
したが 次々と出て来たでは 困っちまぁから
この子が末っ子になるように
末子という名前にするべ」
ほぉで そのややこの名前
末子という名前にしたんだと。
ほぉで まぁ 一郎 次郎
三郎に 初子に ふみ子に みよ と なり
修に 末子と
八人も出来てしまったんだけどなぁ 次の年
おっか様の腹 また ずねぇくなってなぁ
間なしに ややこ なしたと。
「いやいや 困ってしまった。
これ おさめるべぇと思っても
おさまらねぇ 末っ子にするべぇ
と思っても 末っ子にならねぇ 何とか
ここらで とめねば あぁ 留《とめ》にするべぇ」
つうわけでな そのややこの名前
留 になったんだと。
したが それでとまれば
話も終わりなんだけんどもなぁ 次の年
おっか様の腹 また ずねぇくなって
間なしに ややこ なしたと。
「いやいや 困っちまったなぁ おさめるべぇ
と思っても おさまらねぇ 末っ子にするべぇ
と思っても 末っ子にならねぇ とめるべぇ
と思ってもとまらねぇ もうよし!
あぁ よし子にするべぇ」
つうわけでな そのややこ
よし子になったんだと。ほぉで
一郎 次郎 三郎に
初子に ふみ子に みよ と なり
修に 末子に 留ときて それでもとまらぬ
もう よし子 と
十人の子だくさんになってなぁ
ところがなぁ 次の年 おっか様の腹
また ずねぇくなって
間なしに ややこ なしたんだと。
さすがのおとっつぁまも
「はぁ 十人もわらし居る上に
これ以上は とても食わせていがれねぇ
もごせぇ（かわいそう）けんど
これ 土に お返《けえ》し申すべぇ」
つってなぁ 土ぃ掘って
ほぉで その中にややこ入れて
土かぶせるべぇと思った
その時に そのややこが まぁ 勢いよく
「ホンギャア ホンギャア」
と 泣くもんでなぁ
とても 土かぶせるわけに
いかねくなってしまったんだと

「いやいや　これ　神様に授かった子どもだぁ
　雑炊でも何でも食って
　なんとか育てるべぇ」
って　そうして育てたその子が
親孝行。
兄弟《きょうでぇ》の中で　一番親孝行で
よく稼ぐもんでなぁ
やがて　その家は
福しくなって
たいそう栄えたという話
「いま一度　初めから語るからなぁ
　一郎　次郎　三郎に
初子に　ふみ子に
みよ　と　なり
修に　末子に　留ときて
それでも　とまらぬ　もう　よし子
またまた　出て来た　どうするべぇ
土に　お返し申すべか　いやいや
神の授かり子
雑炊食って　育てたが
兄弟一の　孝行者《もん》
おかげで　家は栄えたと」
子だくさんの話でした。

―おしまい―

『子だくさん』こんなふうに語っています

せいぜい4人ぐらいまでの家庭しか知らない今の子どもたちは、私が9人目、10人目のところを語ろうとすると「えーっ！　そんなに産んだら、お母さん死んじゃうよぉ」と言って心配してくれます。私は「大丈夫、大丈夫、昔のお母さんは強かったから、10人ぐらい産んでも、元気だったのよ」と言って語り続けます。

「一郎、次郎、三郎に、初子に、ふみ子に、みよとなり……」と私が指を折りながら、何回も繰り返すので、子どもたちも一緒に指を折りながら、繰り返してくれます。子どもたちが唱和してくれるようになったら、名前の部分だけ、少しゆっくり語るようにしています。なかには、4番目で男の子が出てきたときに「四郎！」と言ってくれる子もいますので、そんなときには「でもねぇ、この子を四郎にすると、五郎、六郎って続けて出てきそうだから、お父さんも考えたんじゃないかしらねぇ」とこたえることにしています。ひととおり語り終えてから、覚えた子どもたちがもう一度一緒に言えるように、繰り返すことにしています。

最後の子には名前がありません。すぐ気がつく子もいますけれど、たいていは少したってから気づくようで、次に会ったときに「最後の子の名前は？」と聞いてきたり、手紙の書ける子なら、手紙で尋ねてきたりします。ニューヨークの紀伊國屋書店で語ったのを聞いた小学生が「最後の子の名前は聞かなかったように思うのですが、なんという名前ですか？」と、わざわざ航空便で問い合わせてくれたことがありました。みんな最後の子の名前が気になるようですが、私も気になって、語ってくれた方に尋ねたのですが、私に語ってくれた方も、その昔聞いたときから、名前は聞いてこなかったというのです。ですから、最後の子の名前はわからないのです。そんなわけで、わざわざニューヨークから問い合わせてくれたお子さんにも「ごめんなさい、私も知らないのです」と返事を書きました。どうしても気になる方は適当に名づけてやってください。

おはなしおばさんの終わらない話

私には3人の兄と妹が1人いるので5人兄妹と思っていました。でも母は7人の子を産んだそうで、2人は私の生まれる前に亡くなってしまったのでしょう。昔は調節不可能だったこともあるのでしょうが、死ぬ子も多かったので、それも見越してたくさん産んだのかもしれません。それとは別に、母の時代には、産めよ増やせよというかけ声のもとに、お国のために兵隊を増やせということで堕胎禁止、産まざるを得なかったという事情もあったようです。恐ろしいことに、産むか産まないかまで、政府に統制されていたのです。

そんなこともあって、5人、6人は当たり前、10人以上の子がいる家庭もありました。私の同級生にも5番目の五郎君や8番目の八郎君もいましたし、豊《とよ》ちゃんは十《とお》に余る11番目の子で、十余《とよ》ちゃんでした。なんとかここらで済ませたいという澄《すみ》ちゃんや、もう飽きたの秋夫《あきお》君。琴女《ことめ》ちゃんは美しい名前だと思っていましたが、親の願いは琴女ではなく、子止めだったとか。

名前の歴史を調べてみると、奈良時代の農民戸籍には益国《ますくに》、稲麿《いねまろ》、稲女《いなめ》、粳女《うるちめ》など、豊かな実りを願う名前があった一方、死亡率も高かったので、小屎麻呂《おぐそまろ》、全屎《またくそ》、屎女《くそめ》、由波利女《ゆばりめ》など、今出てきたのは人間ではないよ、屎だよ、小便だよと名づけて、死神をだます名前もあったとか。

江戸から明治にかけては、寅夫、辰彦、熊吉、亀一、竹男、いね、まつ、うめ、つるなど、動植物の名前が好まれ、大正から昭和にかけては、抽象的な思想で個人の幸せを願ったのか、雄、正、吉、勝、明、美、代、恵、千、久などの漢字が使われたそうです。現在は万葉仮名のような読み方で、欧米風の名前が増えていますね。名前は親が子に与える最初の贈り物と言われますが、親の願いはさまざまです。

歌遊び

大黒さま

遊び方

歌に合わせてまりをつく。つなぎながら左隣に渡していく。
最後はまりを後ろ（背中側）でとる。

① 大黒さまという方は
② 一で俵をふんまえて
③ 二でにっこり笑って
④ 三で盃いただいて
⑤ 四で世の中よいように
⑥ 五つ泉が湧くように
⑦ 六つ無病息災で
⑧ 七つ何ごとないように
⑨ 八つ屋敷を平らげて
⑩ 九つ小蔵をおっ建てて
⑪ 十で俵を重ねた　重ねた

『相撲をとる貧乏《びんぼ》の神』

むがぁし　まずあったと。
あるところに
一人の男とおかみさんといてなぁ
「今日は大歳の日（大晦日）だぁ　はぁなんにも
ねぇけっど　家中の掃除だけはすべぇ」
となってあっちゃかたしたり
こっちゃかたしたりして　ほぉで
神棚も掃除していたればなぁ、
そこさ　鼠の干物みてぇような
痩せこけたじんつぁま一人しょぼんと
すわっていて、ほぉでおいおいと泣いてたんだと
「なんだン、おめぇ様　誰《だん》じゃぁン
なして泣いてんだン」
と聞いたれば、そのじんつぁまがな、
おいおいと泣きながら
「おらぁなげぇことここさ住まわして
もらった貧乏神だ　おめぇが良く稼ぐし
かみさんも良く稼ぐもんで　今夜はここを
出て行かねばならねぇ　長年住み慣れた
この家《や》を出て行くにあたって
おらぁせつなくて　せつなくて
こうして泣いてるんだわン」
こういうふうに言うんだと
「なんだべ　おら家《え》の守り神様は
貧乏《びんぼ》の神様で　あったがン
守り神様でいてくっちぁんであれば
なにも出て行くことあんめぇ」
こうゆったれば
「いやぁそうはゆってもらってもなぁ
おめぇがた良く稼ぐもんで
良く稼ぐもんの家には　おらぁ居られねぇだ
おらの代わりに今夜真夜中になっと
福の神様が来て
入れ替わることになってるから
おらぁなにがなんでも　出て行かねばならねぇ
せつねぇことせつねぇこと」
とゆっておいおいと泣くんだと　ほぉでな
その男も　もごせく（かわいそうに）なって
「なんだべぇ　長いことおらの家さ住みついて
おら家《え》を守ってくっちゃのであれば
なにも出て行くことねぇ
新しく来た神様なんて

ほれ　ぶん投げてやればよかんべ」
「いやぁぶん投げるつったって
向こうはでっぷり太った福の神であるから
おらなんぞがなんぼ帰《けえ》ってくれとゆったって
そりゃぁ向こうの力が強いから　おらには
とっても追い返すことなんてできねぇ」
「なじょしたら追い返せるんだ〻」
とこう聞いたれば
「ほぉよぉなぁ　人間の力では神様は
追い返せねぇから、追い返すとなれば
おらが追い返さねぇばなんねぇんだけんども
したればおらがなんとか力ぁつければ
これ追い返せるかもしんねぇ」
「ほぉかほぉか
したればなじょしたら力つくと」
とこう聞いたれば
「いやぁ　白い米三升も炊いてもらえば
なんとかなるかもしれねぇ」
とこう言うもんでな
まぁその男な　白飯三升
これお正月様《しょうがっつぁま》のために取っておいた
米だけんども　なんとかするべぇ　となって
そのありぎりの米全部炊いて　ほぉで
その貧乏の神様にそれ食わしてやったんだと
貧乏の神様はそれ痩せこけぇた体して、
ほんじも三升飯せっせせっせと食ってなぁ

力みなぎってきたようだから
ほんじは今晩ひとつやってみるかとなって、
ほぉで夜中になって戸端《とんぼ》の口（入り口）の
とこさ行ってな
戸端の口の前に、でんと立っていた。
なにしろ痩せこけたじんつぁまであったから
まぁたいして　威厳のある神様では
ねぇかったんだけんど　ほんじも
戸端の口の前で　新しい神様来るのを
待っていたんだわな
すると夜中過ぎに
向こうからでっぷり太って
打ち出の小槌持った　福の神様が
でっちりでっちりやって来た
福の神様つぅのは
今まで入《へえ》るべぇと思った家で
断られたことがねぇから
この家だっておらが来るのを
喜んでるに違いねぇと
でっちりでっちり歩いて来たれば
そこさいた痩せこけぇた貧乏の神様がな
「いやぁこの家さ入れるわけにはいがねぇ」
「なに語ってんだ
どうせおめぇは嫌われてたんだから
おらが行けばこの家の人は喜ぶに違いねぇ
おめぇなんてほれ　どいてらっしぇ」

とこうゆって　どんと突き飛ばされてな
一度はよろよろっとなったんだけんど
そこで貧乏の神様
しゃきっと　三升飯の手前ここで
よろけてたんではしゃぁねぇとなって　ほぉで
「いやぁ　ここでひとつおらと相撲ぉとって
ほぉでおらに勝ったら
この家さ入ってもええけんど、
おらに負けたら帰ってくなんしょ」
とそうゆってな

はっけよいのこった
となって貧乏の神様と福の神様
そこで相撲ぉとりはじゃったんだと。
まぁなんぼ三升飯食ったとゆっても
痩せこけたじんつぁまであったから
よろよろ　よろよろとして、
まぁあぶなくて見ていられねぇ
家の中から男とそのおかみさんがなぁ
「貧乏の神様しっかりしてくなんしょ
貧乏の神様負けるでねぇぞ」
と貧乏の神様のことばぁり　応援するもんでなぁ
福の神様たまげてしまって
「なんだべこの家の人たちは
おらのこと応援してくれねぇんだべか」
ほぉで今まで
ほぉだ目にあったことねぇもんでなぁ
なんだか福の神様も気ぃ弱くなってしまってな
なんだべなぁ
せっかくおらがこれから入ってやるべぇと
いうのにおら嫌われてんだべかぁ
なんて思ったすきになぁ
貧乏の神様
そのでっちり太った　福の神様のこと
ドーン　と突き飛ばしてしまったもんで、
いやぁ福の神様たまげてしまって、
そこさ打ち出の小槌　ぶん投げたまんま

よったらよったらと
逃げて行ってしまったんだと
「いやぁ貧乏の神様てぇしたもんだ
てぇしたもんだ」
と男とおかみさん
手ぇ叩いて喜んだもんで、
その貧乏の神様
福の神様が落としていった
打ち出の小槌持って　家の中さ
入っていったんだと
ほぉで　神棚さ上がって
いったんだけんどなぁ
それから先その男の家は
たいそう福しくなったんだと。

―おしまい―

『相撲をとる貧乏の神』
こんなふうに語っています

嫌われているせいでしょうか、貧乏神というのはあまり「絵」になっていないのです。むしろマンガも含めて死神のほうが「絵」になっているでしょう。福の神は、でっぷり太って打ち出の小槌を持つ大黒さまと重ねて想像できるかもしれませんが、貧乏神とか疫病神というのは「絵」も少ないし、想像しにくいですね。私に語ってくださった方は「ネズミの干物のようなじいさま」と表現されたのですが、だいたいネズミの干物だって見たことがありません。子どもに語るときは「やせたネズミぐらいで、しょぼくれたじいさま」みたいな神さまらしいよ、と言ってから語ります。

3升飯ってどのぐらい？ と聞かれたことがあります。3升飯というのは、丼によそったとしても20杯くらいあるでしょう。やせこけたじいさまがそんなに食べられるはずはありませんけれど、これはなんでも大げさなおはなしの表現で

「たくさん」という意味だと説明すれば納得してくれます。お米というのは特別な力があるのです。特に白米を1合でも食べればぐんと力が出ることになっているし、死にそうな病人に竹筒に入れた白米を振ってその音を聞かせれば生き返るかもしれない、生き返らないまでも安らかに往生できるというぐらい不思議な力があったのです。そのお米の力と、家主の応援と、貧乏神のがんばりで、福の神に打ち勝ったのでしょう。

貧乏神は情けない声で、福の神はおっとりと語るとそれらしく聞こえるかと思います。

おはなしおばさんの終わらない話

日本には八百万《やおよろず》の神さまがいらっしゃいます。火の神から水の神から身のまわりのあらゆるものに神さまが宿っていらっしゃるのですが、それぞれの家には、その家の「守り神」という神さまがいてくださるのです。裕福な家には福の神が、貧乏な家には貧乏神が、家族が次々と病気になる家にはもしかしたら疫病神が住みついているのかもしれません。

だいたい貧乏神は困った神さまで、福の神はありがたい神さまと思われていますが、私からみると、福の神はずるい神さま、貧乏神は気のいい神さまのように思えます。なぜかと言いますと、貧乏神は、その家が貧乏の間、貧乏なりにずっと一緒に住んでいて、神さまですから一応は家族のことを見守ってくださっているのです。福の神というのは、その家の主が貧乏な間は寄りつきもせず、家主がせっせと稼いで豊かになってきたところを見計らってやってきて、貧乏神を追い出しそこに居座ってしまうのです。その上、身上が傾いてくるとすぐ見限って出ていってしまいます。いいとこどりのずるい神さまだと思いませんか？ まぁそれが福の神の仕事なのですからしょうがないと言えばしょうがないのですが……。

私の〝持ち話〟の中には、貧乏神と福の神の話が5、6話あるのですが、貧乏な農民が語り伝えてきたからでしょうか、どれも貧乏神に好意的なおはなしです。この『相撲をとる貧乏の神』もそうですが、貧乏神が出ていこうとすると引きとめるおはなしが多いのです。なんともお人よしの家主なのですが、神さまのほうもその気持ちにこたえて、福の神に変身したりします。まぁ世の中、金持ちが幸せというわけでもありません。愛すべき貧乏神です。

遊び

天下泰平

5～6人以上で輪になって遊びましょう。

遊び方

＊ 人数に合わせて手ぬぐいを2本以上用意する

1. 手ぬぐいを持っている人が等間隔になるように、3～4人に1本くらいの割合で持つ

2. スタートの合図で手ぬぐいを持った人は首にかけて結んだあと、「天下泰平」と言って手を合わせ、ほどいて右隣の人に渡す

3. 手ぬぐいを隣の人に回せないうちに、次の手ぬぐいが来てしまった人は負けになり、輪から抜ける

4. 遊びを繰り返し、最後に残ったひとりが勝ち（手ぬぐいの数だけ人数が残ったら終わりにしてもよい）

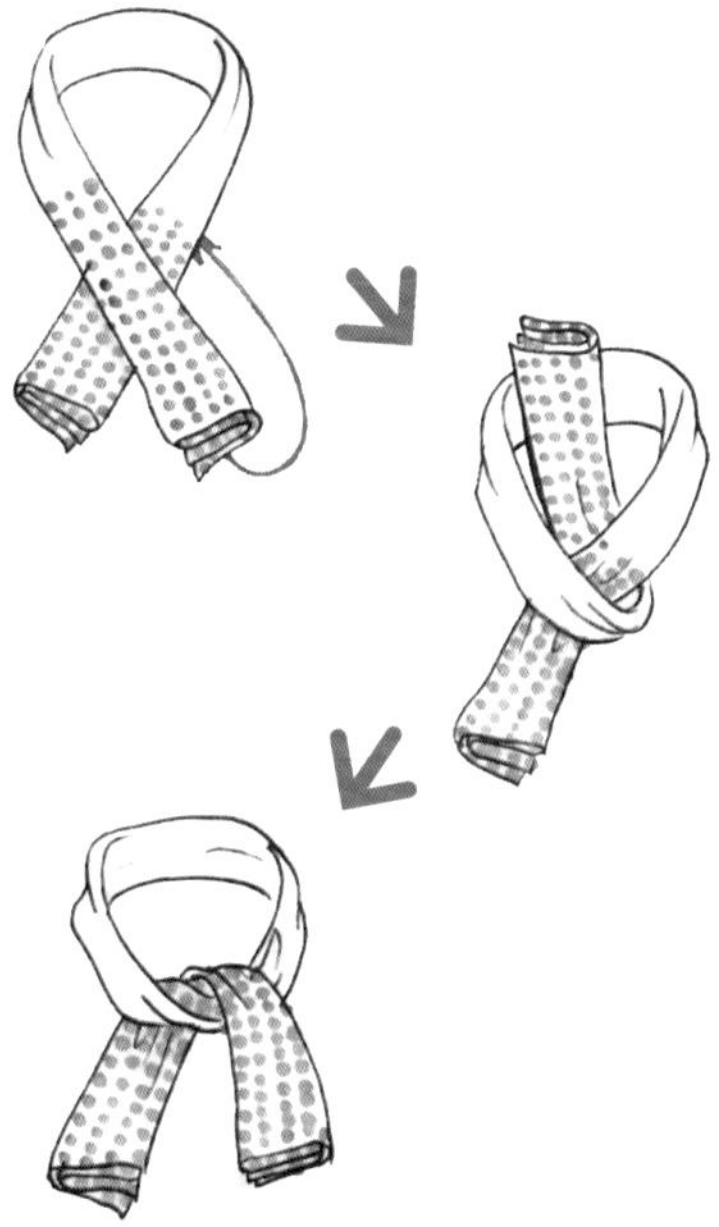

※人数が多いときや、なかなか勝負がつかないときは手ぬぐいを増やす。または「天下泰平」だけでなく「五穀豊穣」「家内安全」「商売繁盛」と唱え言葉を増やす。

『夢長者』

むがぁし　まずあったと。
あるところにたいそう信心深《ぶけ》ぇ男いてな
長者様の家で作男《さくおとこ》として
働いていたんだそうだけんども　その男は
朝はまだ夜《よ》の明け明け　星の残るころから
たたき起こされて畑さ行かされる
晩方《ばんかた》は晩方でお天道様《てんとさま》沈んでからも
また一仕事　ほぉで　家さ戻ってきても
蒔《まき》割りはあるし風呂炊きはあるし
あれやらこれやらの仕事片づけて
ほぉで　布団《ふとん》さ入《へぇ》る時にはもう体はくたくた
ぼろ雑巾のようになっていたんだけんどな
ほんでも　せんべい布団さ入る前には
必ず手ぇ合わせて観音様に
「観音様　観音様
　今日も一日達者で仕事ができやした
　ありがとうござりやした」
そう拝んでから　布団さ入るような
そういう男であったそうな
若《わけ》えうちは　せっせせっせと
稼いではいたんだけんども　その男もいつのまにか
年ぃかさねて　体のあっちこっち
なかなか思うように動いてくれねえ
そうすればほれ　だんな様に
ごしゃかれる（怒られる）ことも多くなる
あぁあ　やんだやんだ
作男っていうのはやぁなもんだなぁ
一日でいいからおれ　長者様になりてえなぁ
長者様になって
絹の布団さくるまって寝てみてえもんだ
起きてきたれば　絹の着物に絹の羽織
お膳の上には海山《うみやま》のごっつぉう（ごちそう）が並んで
それ食って　たぁだうちさ居たり
時には畑まわって　稼いでるかぁ　なんてゆったり
あぁあ　長者様の暮らしは　ええなぁ
一日でいいから長者様になりてえ
それ叶《かな》わねぇんだったら　夢の中だけでも
いいから　長者様になってみてえもんだ
とそう思っていたと
その晩いつものように
こうして観音様に手ぇ合わせて布団さ入ったれば
その男　夢ぇ見たんだと

観音様が出てこらってなぁ
「いつもいつも手ぇ合わせてもらっている
その礼に　おめえの願い叶えてやるぞン
本物の長者にするわけにはいかねえ
けんども　夢の中だけ　おめえと長者様と
取り替えっこしてやるから」
そうゆって観音様　消えてしまったんだと
ほぉでその男は夢の中で観音様に手ぇ合わせて
「ありがとうございやした」
となって　まぁ次の日はいつものように
早ぁくたたき起こされて　一日稼いで稼いで
やっとせんべえ布団さ入る時間になって
また観音様に手ぇ合わせて布団さ入って
もう布団さ入れば
コトンと眠って
しまうんだけんどな
その晩夢の中で
作男は
長者様であったと
絹の着物着て
絹の羽織着て
絹のずねえ（大きい）
座布団の上さ座って
ほぉで
お膳の上には
白飯《しろまんま》山のようにある

汁もある　おかずもある　ほぉで
脇で女《おな》ご人《ひと》がお酌なんぞしてくれる
いやいやまぁ　これが長者の暮らしか
いやぁ　てえしたもんだ
ありがてえありがてえ
と思っているうちに朝になってしまってな
ほぉで　朝になればまたたたき起こされて
畑さ行く　だが　もしかすると
今夜も夢の中で長者様になれるかもしれねえ
と思うと　まぁ稼いでも稼いでも
それほどきつい　苦しいとは思わねかった
ほぉで　その日一日せっせと稼いで
また観音様に手ぇ合わせて布団さ入ると
その日　夢の中でまた長者様であったと
美しい女ご人が　酒ぇついでくれるだけでねえ
肩ぁもんでくれる　あれやらこれやらとまぁ
周りの人がなんでもしてくれるから
何もしねえで座布団の上座ったきり
食っちゃ横になり　食っちゃ
背中たたいてもらう　腰もんでもらう
あぁええなぁ
と思っているうちに朝になってしまって
また　たたき起こされて畑さ行った
その晩も夢の中で長者様であったと
その晩は桧《ひのき》のお風呂にたっぷりの湯が入っている
いつも入るような垢《あか》だらけの湯ぅでねえ

きれいな湯ぅが湯船さ
たっぷり溢《あふ》れるように入っている
そこさ　ドボーンとつかって
ほぉで上がってくれば
美しい女ご人が背中流してくれる
またドボーンと入って　のぼせそうに
なるくらい湯ん中さ入って　ほぉで
上がってくれば　また
腰ぃもんでくれる　肩ぁたたいてくれる
ほぉでふわふわ布団さ寝かされて
　夢見るかなぁ
と思ったらまた朝になっちまって
またたたき起こされて畑さ行く
したが　昼間なんぼせつねえ思いで稼いでも
夜になると夢の中で長者様になれると思うと
昼間のつらい仕事が
ちぃっともつらく思えなくなってな
それからまあ　日に日に若返ってきて
ほぉで力も出るようになったし
今まで　二束《ふたたば》しか背負《しょ》えねかった薪《たきぎ》だって
若え時のように三束《みたば》だって背負える
夢の中で風呂にたっぷり入るせいか
腰もんでもらうせいか　うまいもん食うせいか
なんだか体にも力ぁ出てくるような気がして
ほぉで　ますます元気になって
稼げるようになったんだと

ところが　作男の色つやが良くなって
元気に稼げるようになったのとは反対に
長者様のほうは　だんだんだんだん
顔が青ぉくなってきた
長者様は　昼間はほれ
絹の座布団の上さ座ってうまいもの食って
ほぉでときどき畑の見回りに行くくらいしか
用はねかったんだけんども
夜布団さ入ると　ふわふわの絹の布団さ
くるまって寝てはいるんだけんども
夢の中では作男になってな　朝早ぁくから
たたき起こされて畑さ行かされる
鍬《くわ》で耕すったって長《なげ》えこと鍬なんぞ
持ったことがねえもんだから
ひと鍬おろしては　足ぃけがしてしまったり
草刈るべえと思って鎌持てば
手ぇ切ってしまったり
縄で縛るとゆったって　手のほうが
やわっこくなってしまってるもんで
縄キュッと縛っただけで　つるっと皮むけっちまったり
まぁ　あっちが痛《いて》え　こっちが痛え
一日中腰曲げたまま仕事しているから　腰は痛え
「あぁ苦しい　あぁせつねえ　あぁ痛え」
と一晩中うなされて
朝になればもちろん　夢の中のことであるから
傷なんかはなんにもねえ

また昼間は絹の座布団さ座って
うまいごっつぉう食ってるわけなんだけんども
だんだんだんだん
布団さ入るのが恐ろしくなってきて
ほんでもどうにもこうにも
目ぇ開けてられなくて布団さ入ると
夢の中では作男になっている
鍬ぁ持てば足ぃ切るし
鎌ぁ持てば手ぇ切るし
田んぼの草取りするべえと思えば　目ぇつっつくし
あっちが痛え　こっちが痛え
「あぁ苦しい　あぁせつねえ」
食わしてもらう飯といえば
あわ飯だ　ほれ　ひえ飯だ　粉ぁとかした
ねっぽ汁だとそんなもんしか出してもらえねえ
とてもまずくて食えたもんでねえ
ひもじくてひもじくてしょうがねえ
「あぁ　ひもじいなぁ　痛えなあ　苦しいなぁ」
とうなされてうなされて
朝になって目ぇ覚めれば目の前にはうめえ
ごっつぉうが　並んでるわけなんだけんども
ほんでも　夜になるのが恐ろしくて
なかなか眠れねえでいる　そのうちには
なんぼごっつぉうが並んでいても
そのごっつぉうも食えなくなってしまってな
ほぉで日に日にやせこけて
日に日に顔は青ぉくなって
苦しんで苦しんでとうとう長者様
亡くなってしまったと
作男のほうは　本当に食ってるのは
ひえ飯だのあわ飯だの　ばぁりだったんだけんども
日に日に色つや良くなって
日に日に元気になって
長者様亡くならってから　何年も生きったけんど
やがて寿命をまっとうして
やすらかな顔して亡くなったと。

―おしまい―

『夢長者』こんなふうに語っています

作男というのは使用人のことで、盆と正月の藪《やぶ》入り以外は朝から晩まで雇い主のために働く人です。嫁さんももらえず、そのまま歳をとっていくか、嫁さんをもらったとしても家族ぐるみで雇い主のために働く立場でしたから、報われることの少ない人生だったでしょう。そのせつなさを伝えるには、あまりにもぬくぬくと育ってしまった私ですので、語り口をちょっと工夫して、作男が長者になる夢の中の世界は、明るい声で語るようにしています。声を変えたことで、夢がかなえられた作男の喜びが伝えられたらうれしいのですけどね。

疲れたらまず寝る、明るくても暗くても、静かでもうるさくても、どこでもいつでも眠れる、それが得意の私なのですが、夢の中の幸せを伝えるのはむずかしいことです。

おはなしおばさんの終わらない話

これは安らかな眠りがいかに大切かというおはなしです。アメリカに行ったとき、ネイティブアメリカンの方にドリームキャッチャーという蜘蛛の巣みたいなものに羽根が3枚ぶらさがっている飾り物をいただきました。ベッドの上に吊しておくのだそうで、悪い夢はその蜘蛛の巣のようなところに引っかかり、いい夢だけ羽根を伝って眠っている人の中に入っていくのだとか。

日本では1月2日の夜に見る初夢は、とても大切にされてきました。「一富士、二鷹、三なすび」で、富士山や鷹の夢ならその年の幸せは約束されたようなものです。なす(び)がどうして3番目なのか諸説ありまして、「親の意見となすびの花は千に一つの無駄もない」の言い伝えから来るのだという人、富士山と愛鷹山《あしたかやま》となすは、徳川家康の主城があった駿河の名物なのだという人、「為せば成る」の「為す」なのだという人、いろいろです。

それはともかく、私の子どものころはお正月に「たから〜ぶね」と言いながら宝船の描いてある紙を売りに来る人がいました。その紙に自分で「なかきよのとおのねふりのみなめさめなみのりふねのおとのよきかな」〈長き夜の遠(唐)の眠りのみな目覚め波乗り舟の音の良きかな、というほどの意味でしょうか〉と書いて1月2日の夜、枕の下に入れて寝るのです。1月1日の夜ではありません、2日の夜に見る夢が初夢です。1日は神様と一緒に過ごす日で、2日目からが人間のいとなみを始める日だからです。ですから初荷も初釜も書き初めも弾き初めも2日にするのです。さて、その2日の晩に見た夢が富士や鷹ほどではなくても良い夢であれば、3日の朝この短歌を上から読んで「正夢」になることを願い、もし悪い夢だったら下から読んで、夢よ逆さになれと「逆夢《さかゆめ》」を願うのです。どっちから読んだって同じじゃん、なんて言わずに悪い夢だったら、下から読んでみてください。こうして悪い夢を見ても救済策を考えてあるところが好きです。

初夢の絵

なかきよの
とおのねふりの
みなめさめ
なみのりふねの
おとのよきかな

一富士　二鷹　三茄子

私の父は長男でしたから、お正月になると叔父一家や叔母一家が集まりました。泊まっていくこともありました。初夢は他人に語るなと言われていましたから、いい夢を見たかはしゃべりませんけれど、どんな夢を見たら、この短歌を大きな声で上から読んで正夢になるよう願いました。悪い夢だったら下から読んで逆夢になるよう願いました。まぁ上から読んでも下から読んでも同じなので、誰がいい夢を見たのか、誰が悪い夢を見たのかはわからないのですが、1月3日の朝の楽しい行事でした。

『あとかくしの雪』

むがぁし　まずあったと。
たいそう貧しぃい婆様《ばさま》のとこさな
坊様訪ねてきて　ほぉで
「今夜一晩泊めてもれぇてぇ」
とこう言う　婆様は
「坊様　どうぞどうぞ」
と上がってもらって
「おら家《え》ではなんにもねぇけんど
　火ぃだけはあるから　まずあったまってくなんしょ」
とそうゆって　どんどんどんどん
囲炉裏《いろり》の火ぃ燃やして　あったまってもらった
そのうち坊様の腹がくぅーくぅーと
なってるもんでな
婆様　火ぃだけでねくって
何かごっつぉう（ごちそう）したくなった
したが　おら家《え》にはなんもねぇ
ほぉで　隣の長者様の家《うち》の畑から
大根《でぇこ》一本盗んできて　ほぉで　その大根な
ぐつぐつぐつぐつ煮て
ほぉで　その坊様にごっつぉうしたんだと
したれば　その坊様が
「いやあ　たいそう
うめぇ　大根だから
婆様おめぇも　ほれ
いっしょに食《く》うべ」
そうゆったれば　婆様が
「いや　おめぇさまは
坊様だから　食ってもいいけんど
おら　食うわけにはいかねぇ
実はこの大根は
長者様の家の畑から　盗んできた
したから明日《あした》になれば
長者様の家のもん（者）がここさくるべ
ほんじも　旅の坊様におあげ申したと言えば
まさか縄ぁかけることまではしねぇべ
したが　おらが　これを食ったれば
おら　本当の盗人になってしまう
したから　おらぁ　食うわけにはいがねぇ
おめぇさまだけ　食ってくなんしょ」
と　そうゆって坊様にだぁけ　食わせたと
「いいから　とてもうめぇ大根だから
おめぇさまもいっしょに食うべ」

坊様が　いくたびもいくたびもすすめるもんでな
婆様は婆様で
「いやぁ　おらがこれ　食ったでは
おらぁ　明日　盗人として
長者様につかまえられてしまう
裁かれてしまうから
食うわけにはいかねぇ」
と　こう言う
ほぉで　その坊様が
「いやぁ　心配することねぇ
今夜のうちに雪いっぺぇ降って　ほぉで
おめぇさまの足あと消してしまうから
おめぇさまは盗人でねぇんぞン
いっしょに大根食うべ」
とゆって　その晩いっしょに大根食ったんだと
ほぉで　その晩はな
真夜中ころから
のんのんのんのん　のんのんのんのんのんと雪降って
大根畑の上にも
どんどんどんどんどんどん　雪降ったもんで
ほれ　婆様が
大根一本盗んだことなんぞ
だぁれも気がつかねかったと
その坊様な　弘法大師様であったと
ほぉで　今でも大師講の晩には
雪が降ることになっていて
その晩だけは
貧しい人が　よその家の畑から何か盗んでも
見て見ぬふりすることになっているんだと。

―おしまい―

『あとかくしの雪』
こんなふうに語っています

幼い子にはちょっとむずかしいおはなしです。高学年にならないと、この婆様の心の葛藤まで推察するのは無理ですが、それでも幼稚園の子に語ってみると、昔の坊様が魔法使いのように雪を降らせて、この婆様を助けるというそのことは理解してくれます。「だからね、この弘法大師というお坊さんがこの婆様のところに行った日、11月23日の夜から24日を大師講といって、弘法様をおまつりする日になったんだって。そして23日は夜になると必ず雪が降るんだって。弘法様が雪を降らせてくださるんだね、きっと」と結ぶと、「11月23日の夜はぜったい雪が降るの?」「本当?弘法様ってほんとにそんなことできたのかなぁ?」とそっちのほうに興味が移ってしまいました。

6年生に語ったときは、さすがによく聞いてくれました。「お坊さんだって、自分だけでは食べにくいよね」「おばあさんだっておなかすいているんだもん」「これで自分ばかり食べていたのなら、この坊主は坊様じゃないよ」「やっぱり盗みは盗みだよ。それを雪でごまかすのはよくないよ」「きっとけちな長者なんだよ」などなど感想を言ってくれました。

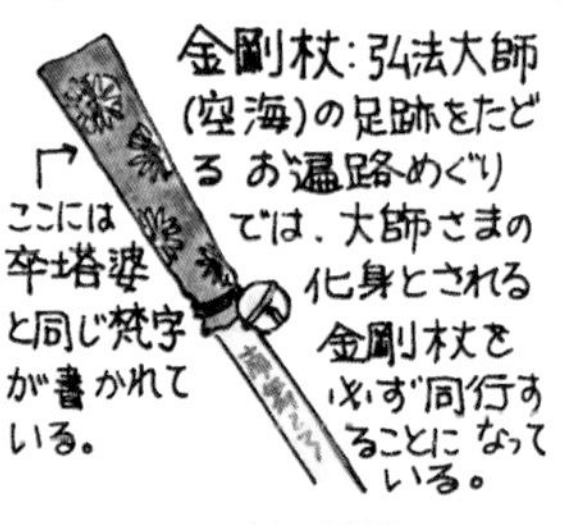
金剛杖：弘法大師（空海）の足跡をたどるお遍路めぐりでは、大師さまの化身とされる金剛杖を必ず同行することになっている。
ここには卒塔婆と同じ梵字が書かれている。

おはなしおばさんの終わらない話

弘法大師というのは真言宗の開祖、空海のことで、偉いお坊さんではありましたが、仏教界の業績はともかく、昔ばなしの中の弘法大師は、黄門さま（水戸光圀）が全国行脚をしたと信じられているように、全国を歩いて布教しながら、人々の暮らしに役立つようなことを、授けてきた人とされています。飛行機も新幹線もない時代に、ひとりのお坊さんが全国行脚をするなんて考えられません。たぶん同じように庶民の暮らしに役立つことを広めながら布教活動をしていた、たくさんのお坊さんの業績を弘法大師というひとりのお坊さんにまとめて語り継いできたのでしょう。これはあちこちの賢い小僧のおはなしが一休ばなしにまとめられ、あちこちの頓知のきく男のおはなしが吉四六《きっちょむ》ばなしにまとめられたのと同じだと思います。

昔ばなしの中の弘法大師は、このおはなしのように正直なばあさまが罪人にならないように雪を降らせたり、錫杖《しゃくじょう》で地面をたたいて井戸や温泉を掘り当てたりして善人を助ける一方、意地悪なばあさまのいもを石のようにかたくしたり、心根の悪い女房には顔が馬になる手ぬぐいを渡したり、「いい」と「悪い」がはっきりしていて、庶民にはわかりやすかったのでしょう。

私としては、弘法大師の術より、この貧しいばあさまの、筋の通った生き方に圧倒される思いです。私が子どものころ、近所にもこういうばあちゃんがいました。貧しくて字も読めないような方でしたけれど「李下《りか》に冠《かんむり》を正さず」とか、「瓜田《かでん》の履《くつ》」とかむずかしい言葉を使って「李《すもも》畑で帽子を直そうと手をあげれば李を盗っていると思われる、瓜畑で靴を直そうとしゃがめば瓜を盗っていると思われる。たとえ盗む気はなくても疑われるようなことはするなよ」と教えてくれました。

おわりに

「この本 よんで!」に「おはなしのたねあかし」として2009年から連載させていただいています。編集部から「このあたりで1冊にまとめませんか」とご提案いただき、とてもうれしく、編集部と、絵を描いてくださる保坂あけみさんと一緒に、何話か選びました。長すぎて連載ページでは紹介できなかったものも入れていただきました。この季節に何を語ろうかと迷っている方に役立つよう、おおよその見当で「春」「夏」「秋」「冬」に分けてみました。気に入ったおはなしがお目にとまりましたら、ぜひ語ってみてください。

私はおはなし選びでいちばん大事なのは、自分が好きになれるおはなしかどうかということだと思っています。自分の好きなおはなしなら、筋も理解しやすいし、覚えやすいし、自分なりの言葉が出てくるでしょう。それぞれのおはなしのあとに、語るときのちょっとしたコツも書きました。ひとつひとつの言葉にこだわる必要はありません。まず筋を把握して、それを自分なりの言葉で、自分なりの思いで語ってみてください。

昔ばなしというのは、その土地によっても、語る人によっても違いますが、私はもうひとつ聞き手の年齢や、おはなしを聞いた経験があるかないかなど、聞き手のことも考えて語り方を工夫しています。説明用の絵を使ったり、簡単な人形を使ったり、3歳は3歳なりに、5歳は5歳なりに楽しんでくれるよう、私自身もその違いを楽しみながら語っています。ご自分の好きなおはなしを選んで、ご自分の中で消化して、ご自分の言葉で語ってください。私の福島弁にこだわる必要はまったくありません。

毎回、私が思うとおりの絵を描いてくださる保坂あけみさんと編集部の狩野啓子さん、池内七穂さんに感謝します。そして何より、毎回読んでくださっている読者の方々に御礼申し上げます。

藤田 浩子 ●ふじた・ひろこ

1937年東京生まれ。疎開した福島県三春町で、「畑のおじさん」から昔ばなしを聞いて育つ。95年から20年間、毎年渡米。アメリカのストーリーテラーたちの招待で、アメリカの子どもや大人に、日本の昔ばなしやわらべ歌を紹介したり、またアメリカ在住の日本人の招待で、日本人学校などにも昔ばなしを届けてきた。国と国をおはなしでつないだという功績が認められ「ストーリーブリッジ賞」をはじめ、アメリカでの受賞多数。幼児教育に携わって60年。今も、頭の中にある300話余りの昔ばなしを、子どもや大人に語っている。

保坂 あけみ ●ほさか・あけみ

1964年福島県郡山市生まれ。藤田浩子さんが関わっている、「親子で育つ」をモットーとする子育てサークル「風の子」に親子で参加。以来、同サークルの会報誌「風の子通信」で20年間、藤田浩子さんが提唱する「遊び」を絵にして紹介している。現在も月1回ホームページにて連載中。
http://kazenoko-circle.com/

おはなしおばさんの
おはなし春《しゅん》夏《か》秋《しゅう》冬《とう》

2020年9月1日 第1刷第1版発行

著　　者：藤田浩子
イラスト：保坂あけみ
デザイン：菅沼充恵
編　　集：「この本 読んで！」編集部
発　　行：NPO 読書サポート
〒107-0062 東京都港区南青山 2-2-15-1403
TEL 03-6869-3785 FAX 03-6893-3931
http://www.dokusho.or.jp/
発　　売：株式会社メディアパル
印 刷 所：大日本印刷株式会社

ISBN 978-4-9904171-9-2

※本書は、季刊誌「この本 読んで！」(JPIC刊)の29号(2008年冬号)の特集と、31号(2009年夏号)から69号(2019年冬号)の連載「おはなしおばさんの おはなしのたねあかし」から選んだ作品に新原稿を加え、再構成したものです。

※おはなしの中に、今日では好ましくない表現がありますが、おはなしが伝承されてきた歴史的背景や当時の生活様式などを考慮し、そのまま採用しています。

※ NPO読書サポートは、季刊誌「この本 読んで！」の編集メンバーが集まってできたNPOです。読みきかせを中心とした読書情報の提供を行っています。